Naître Programmé(e) Mourir

Une autre vie est-elle possible ?

Patrice BÈGUE

Naître Programmé(e) Mourir

Une autre vie est-elle possible ?

© 2019 Patrice BÈGUE
Éditeur : BoD-Books on Demand
12-14 rond-point des Champs-Élysées, 75008 Paris
Impression : Books on Demand, Norderstedt, Allemagne

Illustration : Patrice BÈGUE

ISBN : 978-2-3221-6513-1
Dépôt légal : Septembre 2019

Table des matières

Chapitre I. La Naissance

Naître !

Je suis né.

Nous naissons un jour, à une heure et à une date précise. Une empreinte gravée dans le temps, tandis qu'au même moment à travers le monde des milliers d'enfants naissent.

Pourtant, aux yeux de chacun, la date de naissance reste unique. Ce jour-là s'inscrit partout, sur tous les documents qui nous concernent qu'ils soient officiels ou officieux. Nous l'apprenons par cœur, c'est notre numéro d'immatriculation, un peu comme sur les œufs que l'on achète en supermarché. À la différence notable que dans notre cas, tout est imprimé à l'intérieur de la mémoire, et que les chiffres de zéro à trois gages qualitatifs de l'origine sont remplacés par notre lieu de naissance. Un jour peut-être, sur nous aussi, on complétera en tatouant une date de péremption ? Si ce n'est pas déjà fait !

Naître est le commencement de tout, l'Univers lui-même est né un jour, à une heure et à une date précise. Une empreinte annonçant le début des temps, que ce soit de la main de Dieu ou par le Big-bang.

Nous, simples humains, venons au monde nus, une essence nouvelle. Pendant ce bref instant, nos seules connaissances sont innées. Tout comme nous possédons un patrimoine génétique corporel, nous transportons un héritage spirituel, un lien d'universalité que l'on appelle l'Âme. Celle-ci représente une connaissance de l'Univers et de soi, écrite en chacun. Elle permet que l'on sache sa mission de vie.

Cette connaissance innée de l'Âme nous unit irrémédiablement à l'ensemble de la Création. Comme connectés à l'Univers, nous existons alors libres, en dehors de toute pensée consciente.

Hélas, tout ceci va très vite changer. Nous venons de débarquer au milieu d'une jungle. Celle-ci est autant extérieure avec ces multiples dangers, qu'intérieure où un combat ne fait que commencer. Une bataille dont nous n'en mesurons pas encore les conséquences. Seul, notre libre-arbitre tentera tant bien que mal de nous guider.

Notre environnement familial immédiat, composé d'une meute de loups aimants, prend soin des siens... Après tout « l'homme est un loup pour l'homme ». Celle-ci est là, d'une part avec la mission de nous éduquer dans le respect des traditions, d'autre part afin de pourvoir à nos besoins primaires, manger et boire en priorité. De surcroît, elle s'efforcera de nous transmettre une conscience dite « individuelle », qui servira à nous insérer au mieux au sein de la société collective. Cette conscience individuelle nous sera également utile au moment de s'affirmer et d'affronter esseulé la jungle si vile.

Dans l'immédiat, en tant que nouveau-né, nous ne représentons qu'une page blanche sur laquelle le monde extérieur va transcrire sa programmation. Celle-ci se fait au moyen de la neurolinguistique, pour laquelle nous fournirons une définition plus en détail par la suite. En attendant, voici une explication abrégée en quelques mots : « C'est une manipulation neuronale des sens à travers des mots, des gestes et des comportements dans l'intention de nous transmettre des instructions codifiées ».

À savoir que les mots, les gestes et les comportements, qui plus est n'ont rien d'extraordinaire, ne sont que les paroles quotidiennes de parents attentionnés à un bébé. La programmation mentale qui s'entame dès le premier souffle, se poursuivra sans discontinuer jusqu'au dernier soupir. Ainsi, étant membre de l'immense famille des Humains, celle-ci permet de nous civiliser et imprime en chacun les fondements sociétaux, telles les obligations qui régissent la civilisation.

Le plus souvent, la codification débute avec les rites cultuels. En exemple, il y a le baptême ou autres pratiques du même genre qui nous inclut au cœur d'un cercle familial élargi. Celui de la meute et de son entourage proche, le plus souvent juste son groupe d'amis. Par la même occasion, nous serons enrôlés de fait dans une culture. Celle qui régit l'environnement dans lequel nous grandirons. Une appartenance culturelle qui ira volontiers au-delà. Puisque nous sommes de facto assimilés dans une communauté, une religion et une nation, voire maintenant au niveau mondial. On parle actuellement d'un monde-village.

Un héritage cultuel et culturel extrêmement bien rodé au fil des années, on peut même dire par des siècles de principes dogmatisés. Dont on a retiré les règles d'or qui établissent que l'on soit des parfaits parents. On parle évidemment de celles venues de la transmission intergénérationnelle qui apportent le savoir du « comment fait-on pour élever convenablement un enfant ! » De celui-ci ressortent les conseils d'éducation parentale de base. Parmi lesquels s'érigent la fameuse doctrine du « fais pas-ci, fais pas ça », auxquels on y ajoute les obligations et codes de savoir-vivre comme la politesse, la bienséance et les civilités. Bien évidemment, tout ceci doit être acquis sans questionnement. En même temps à cet âge-là, comment pourrions-nous faire autrement ?

Attention, cela ne sous-entend pas qu'il faille que l'on soit tous impoli. Non, il reste essentiel de savoir décemment se comporter en société, qu'il y ait du respect, surtout envers autrui sans oublier pour la Nature. Malgré tout, pourquoi devons-nous copier les règles de vie dictées par les sphères dites supérieures, le savoir-vivre hérité de la noblesse ? Les plus modestes, ne possèdent-ils ainsi aucun esprit de bienséance ? Ou probablement ne font-ils montre d'aucune tenue en société ? Un choix qui tendrait à vouloir nous imposer les us et coutumes qui nous viennent de l'époque royaliste. La tentation d'imposer la norme descendant du haut de la pyramide vers la base.

Il est à noter que le schéma comportemental de la programmation neurolinguistique que l'on souhaite nous inculquer, a aussi en objectif de nous faire prendre conscience de la primauté de l'image. Celle que nous véhiculons et de sa valeur aux yeux du monde extérieur. Dans notre civilisation, l'avis des autres sur nos facultés d'intégration positionne à la fois notre famille au sens large, mais avant tout nous-mêmes au milieu de la jungle. Le jugement d'autrui demeure une constante qu'il nous faudra imprégner au plus vite.

Ainsi, l'étiquette collée à chacun durant ces instants d'innocence deviendra utilisable ultérieurement. Et l'on peut dire sans hésitation, qu'il sera un prétexte dans l'explication des éventuelles défaillances ou autres approximations futures qui apparaîtront dans la programmation d'un individu. Selon les théories de la psychanalyse, les problèmes des adultes sont issus de l'enfance et remontent très souvent à la petite enfance. Le programme mal acquis ne s'applique pas parfaitement.

Fort heureusement, l'enfant en bas âge que nous sommes encore n'a que faire de ces principes. On se moque généralement de tous ces bavardages et gesticulations répétés en longueur de journée. Les tentatives d'embrigadement restent dépourvues d'intérêts. Les adultes peuvent insister, ils n'éprouvent nullement la sagesse dictée par un sentiment d'universalité innée, le libre-arbitre. Celui-ci subsiste, fermement ancré dans l'inconscience du petit Être insouciant. Il nous pousse à la découverte du microcosme qui nous entoure et vers l'expérimentation de ce dernier. Celui-ci trouve effectivement plus de sens à nos yeux.

Un apprentissage sensoriel que la meute tente à tout prix de limiter, ou tout du moins, qu'elle essaie d'encadrer par tous les moyens. La liste des interdits est si longue. Ceux-ci sont aussi nombreux que les ordres négatifs édictés : « Ne touche pas à ça ! Ne fais pas ça. Regarde l'autre petit, il ne fait pas comme ça. Et cetera. »

La codification qui sert à nous programmer suit un long cheminement durant lequel nos tentatives de rejets s'effondreront indubitablement en face d'une arme insidieuse : celle du besoin primaire de manger ! Il contribue et contribuera à nous faire entendre raison. Nous sommes matière ! Et la matière a besoin de se nourrir, naturellement de matière. Inlassablement, nous recherchons et rechercherons à nous sustenter. Un rappel à l'ordre qui se fera chaque fois que nous laisserons libres cours aux intentions innées.

La faim ! Un besoin primaire sur lequel le système de fonctionnement de la civilisation s'appuie dans le but d'inhiber : d'une part, le pourquoi de notre mission de vie ; d'autre part, le lien universel qui était inscrit en nous à la naissance, si l'on peut le formuler ainsi, c'est un point de départ du vague à l'Âme. Malgré les

« caprices », nous céderons inévitablement en nous soumettant aux habitudes auxquelles l'on veut nous conditionner.

Dès lors, on entre dans le cercle vicieux répondant aux stimuli qui donnent droit aux récompenses. Car en plus de manger nous cumulons beaucoup d'autres besoins qui nous rabaissent à une position de dépendance. On se contentera de citer les attentions affectives et l'amour parental, que tout enfant sollicite et est en droit d'avoir.

Depuis longtemps le système sociétal a organisé au maximum la vie des parents de sorte qu'ils soient les moins disponibles pour leur enfant. Contraignant ces derniers à quémander l'amour autant que la nourriture, à tel point que la frustration les incite à cabotiner. Ainsi recevoir de l'amour et des attentions affectives sont perçus comme une victoire. Une réponse positive aux demandes insistantes qui évoluera sous la forme de réussites personnelles. Les enfants en ressentent alors une telle joie, qu'elle flatte et développe une conscience individualisée, au passage rappelons que c'est une des missions de la meute. Un effet de crescendo provoquant l'appétit du challenge qui ne cessera dès lors de grandir jusqu'à décupler l'ego.

On endort petit à petit le libre-arbitre. De sorte que quelles que soient nos réticences, nous finissons tôt ou tard par consentir à exécuter ce que l'on attend de nous.

L'égotisme, qui ne représente pas la nature première de l'Humain, devient fatalement le fossoyeur de l'essence originelle et de sa bienveillance d'Âme. Cette tendance naturelle qui nous permet de dire que « l'Homme naît bon par nature ». Un amour qu'il souhaite recevoir autant qu'il veut en transmettre. L'ego, qui n'est pas nécessairement mauvais, sera le terreau sur lequel se développera notre attrait pour la programmation neurolinguistique. Celle-ci sera soutenue par une substance stupéfiante : le sucre inclut dans la nourriture.

La panoplie complète composée de récompenses sucrées, bonbons et autres aliments industriels enrichis aux glucides, associés aux câlins et aux différentes attentions, formera le cocktail qui fera grandir et entretiendra ce sentiment de n'être qu'une conscience individuelle obéissant aux ordres imposés.

Toutes les fois où nous pensions gagner sur des besoins élémentaires, ne sont en fait que des apprentissages. L'objectif étant de concevoir la vie à l'instar d'un jeu, dont le principal dessein est d'amasser des récompenses.

Mais attention ! A contrario, il faut se rendre à l'évidence que l'existence est faite d'obligations. De ce fait, la désobéissance nous expose aux punitions, qui seront l'occasion pour chacun de comprendre définitivement qu'il y a des interdits. Précisons également, que dans ces circonstances les punitions serviront davantage à fabriquer les peurs. Ces dernières dessinent dans notre esprit la première image que nous avons du « Système ».

Il se matérialise donc par l'appréhension que nous développerons tout au long de la vie : d'une menace. Celle des sanctions potentielles que celui-ci fait peser sur nous, tel un tigre qui rugit pour nous effrayer, alors qu'il nous tient déjà entre ses griffes.

L'éducation qui forge la conscience individuelle, dont on s'efforce de nous faire acquérir depuis la naissance, opère de mieux en mieux. Grâce à tous les stimuli de tentations, notre soumission qui semblait compliquée de prime abord, devient une évidence. En quelque sorte, nous nous transformons petit à petit en bon toutou. Pavlov ?

- ÉDUCATION OU DRESSAGE INFANTILE -

L'éducation infantile décrite jusque-là se fait sans violence ni contrainte. Bien au contraire, elle est donnée par des parents aimants qui ne souhaitent en général que le meilleur pour leur enfant.

C'est en l'occurrence un processus qui se perpétue de génération en génération. Dans lequel se retrouve bien entendu des variations liées à l'époque, car le temps n'est pas figé. Tout cela fonctionne à la façon d'un engrenage : les parents reçoivent le programme de la génération précédente, qui elle-même le tient de celle d'avant et ainsi de suite.

On ne sait plus quand cela a pu commencer. En revanche, on sait à quoi ça sert : la programmation asservit l'humanité à un « Système ». Celui-ci agit tel un serpent qui siffle à nos oreilles : « Ayez confiance » ! Il est parfaitement ordonné, organisé, insidieux et reste implacable en toutes circonstances.

Tout bien considéré, il n'y a rien de diabolique dans le principe, nous ne faisons que reproduire ce que l'on a appris. Nous appliquons les schémas comportementaux qui nous viennent du passé. On reçoit effectivement de l'amour du cœur de nos proches, mais les leçons de vie elles, sont dictées en fonction de la programmation de la raison. Celle-ci nous est implantée et ensuite elle cloisonne notre Âme au fond d'une boîte, cela durant toute notre existence.

On constate que tout ceci se déroule dans un environnement social et familial complice qui n'a qu'un but : nous aguerrir afin d'affronter au mieux la jungle sociétale. Ils veulent nous construire un avenir qui soit différent des générations précédentes, dans l'espoir qu'il soit plus réussi que le leur. Selon leurs dires, c'est ce qui est proposé, mais en réalité nous restons parfaitement encadrés dans les choix. Ils se font indépendamment de tout souhait.

En définitive, nous finirons tout de même par reproduire les commandements du programme neurolinguistique soumis au « Système ».

La pré-vision de notre vie se grave en nous dès l'enfance, lors de ces moments vulnérables où l'on peut nous imposer le codage neurolinguistique. Il dictera par la suite notre capacité de réussite sociale. Selon que l'on valide, correctement ou pas, la programmation comme seul système d'exploitation. Un héritage que nous transporterons jusqu'à la mort.

Nous subissons au final une coercition de la part de la meute et de son entourage qui ne font eux-mêmes qu'appliquer les recommandations dictées par la société civilisée. Une manipulation généralisée aux moyens des mots et des comportements que nous acceptons et reproduisons. On finira par oublier que *nous naissons libres et habités d'une idée certaine, celle du but de notre venue au monde.* Un objectif distinct de celui que l'on veut nous imposer.

Le conflit intérieur entre le libre-arbitre encore très présent et la programmation neurolinguistique accompagne nos premières années de vie.

Un combat toutefois inégal. En effet, la défaite du libre-arbitre se construira de jour en jour. Celui-ci, pour subsister sera contraint de se tapir dans l'ombre, telle une panthère dans le noir. Cette dernière tentera dans l'avenir de nous suggérer subrepticement sa sagesse, essayant intuitivement de nous diriger vers une autre expérience de vie plus innée que celle dictée.

Alors qu'à l'inverse pendant ce temps, les méthodes de codification vont s'intensifier. Cela afin de nous pousser à accepter définitivement de suivre la programmation. Celle-ci se présente comme la seule voie possible.

Des méthodes qui vont même connaître une accélération lors de notre entrée à l'école.

Chapitre II. La Programmation

- Définition du choix de la programmation -

Avant de poursuivre notre destinée, faisons le point sur l'appellation de programmation neurolinguistique.

Le sigle PNL est effectivement connu, mais généralement, on ne sait pas à quoi il se rapporte. Celui-ci signifie : Programmation Neuro-Linguistique. Préalablement, elle est connue en tant que thérapie de développement personnel.

La PNL explique comment les croyances cultuelles, culturelles, sociales et éducatives acquises pendant l'enfance et l'adolescence, même parfois au-delà, déterminent les comportements actuels d'une personne adulte. Ce vécu limiterait les individus dans leur chance de réussite au sein de la société.

Pour la petite histoire, la PNL a été créée suite aux observations et aux recherches de Richard BRANDLER et John GRINDER, dans les années soixante-dix. Ils ont étudié des thérapeutes qui ont transformé la vision de leurs patients. Ces derniers passèrent d'une situation dite d'échec social à une vie que l'on qualifie de réussite par l'atteinte des objectifs désirés.

Leur étude était essentiellement concentrée sur la méthodologie utilisée dans la modification du modèle comportemental de base des personnes en détresse. Ainsi, des thérapeutes transforment leur perception au travers d'un langage précis, parallèlement à des évolutions dans la gestuelle de la routine quotidienne. Ils interviennent très précisément en s'appuyant sur les ressentis sensoriels du patient.

En d'autres termes, ils travaillent sur les mauvaises pratiques acquises durant le vécu d'une personne et corrigent la vision que cette dernière se fait de sa vie. Des mots et des gestes différents, dans un travail en profondeur impactant les sens, le tout agissant par rapport à la programmation d'origine.

Le résultat de leur étude a amené BRANDLER et GRINDER à la conclusion, qu'il y a un schéma comportemental commun entre tous les individus dits d'excellence qui réussissent au sein de la société. Ils ont constaté que des thérapeutes arrivaient à inculquer de manière durable un nouveau modèle de pensée dite positive. À partir duquel les patients entrent dans une boucle vertueuse.

Nous pourrions résumer ce qui précède comme ceci : *la Programmation Neuro-Linguistique est une méthodologie qui se base sur une description de la phénoménologie qui a amené le patient aux mauvais choix et aux échecs inhérents. Alors le praticien en retire des conclusions qui débouchent sur la mise en place d'une stratégie d'action. À la fin, la personne concrétise ses objectifs considérant qu'elle est en réussite et dans une nouvelle vie.*

Ces méthodes vont très vite prouver leur efficacité. Du moins sur les personnes aspirant à une véritable envie de changement. Depuis, cette pratique est utilisée dans les domaines de la psychologie, du coaching et bien d'autres. Toujours, dans l'intention d'éduquer le cerveau afin que chacun puisse atteindre le succès. Le champ d'application reste extrêmement vaste.

Mais il est à noter que la PNL ne représente pas la seule méthode de ce genre à s'être développée. Des techniques équivalentes ayant établi les mêmes constats de départ aboutissent à des conclusions similaires. Elles fournissent alors à tout à chacun l'opportunité de faire des bouleversements ahurissants dans sa façon de penser qui mènent à des modifications de comportements parfois radicales. Nous avons donc créé des méthodes qui permettent de déprogrammer une personne en situation d'échec sociétal, en la reprogrammant à réussir.

À partir de là, on peut s'interroger. Déjà, comment est-ce possible ?

Si on peut rectifier la perception et les habitudes qui sont dites programmées, alors vivons-nous selon une programmation ?

Et la PNL, est-elle sincèrement ce que l'on nous en dit ?

Au lieu de ne représenter qu'une méthode thérapeutique, ne désignerait-elle pas tout naturellement le programme général qui régente la vie ? Elle pourrait donc être la norme et non plus juste une pratique de développement personnel.

Si cela s'avère authentique, la programmation neurolinguistique doit se faire obligatoirement à l'intérieur d'un cadre parfaitement défini, afin que tout le monde l'accepte et qu'elle ne suscite pas de « rejet ». De sorte d'éviter, « les prises de conscience », l'environnement logique semble être le « Système » dans lequel nous évoluons depuis des lustres. Celui-ci favoriserait alors la création d'un programme comportemental de contrôle de chaque individu.

Tout bien considérés, nous pouvons légitimement nous interroger sur le fait ou non que nous soyons programmés neurolinguistique-ment. De plus, pour être efficace, ce dernier doit s'entamer dès la naissance et se poursuivre tout au long de la vie.

On peut noter que dès le plus jeune âge, nous recevons un apprentissage sensoriel. De la même façon qu'en PNL où les thérapeutes utilisent tous les sens du patient dans le but de l'aider à se corriger.

Il est avéré que depuis notre enfance, et encore maintenant, on éduque nos sens. Cela dans l'idée de nous faire découvrir notre environnement tel qu'il doit être et en inscrivant en nous des repères de références. D'abord par l'ouïe, qui déjà dans le ventre maternel est le premier sens par lequel chacun rentre en contact avec l'extérieur. On peut ensuite citer le goût, éduqué au travers des saveurs, notamment du lait non-maternel. Puis, viennent les petits pots. Pour au final en arriver dès que possibles aux aliments sucrés. N'oublions pas les apprentissages de l'odorat et du toucher, avec entre autres l'utilisation des peluches sensoriels, des jeux qui ont l'air innocent.

L'éducation de ces sens continue en grandissant. Avec en suivant, la consommation des colorants, des édulcorants ainsi que des exhausteurs de goût rajoutés dans la nourriture et les boissons. Comme dans le cas des sirops qui doivent avoir la couleur exacte que le cerveau assimile au fruit et dont on croit retrouver le goût. Adulte, on nous guide aussi au moyen de senteurs et ambiances sonores dans les magasins afin de favoriser les achats.

Le plus important au sein de la société actuelle reste le visuel et l'image, notamment celle que l'on véhicule. On peut se demander si l'ensemble des choses que l'on nous fait voir ne servirait pas en réalité à programmer notre esprit ? La télévision et le cinéma sont devenus des machines prodigieuses de propagande. Notre existence devient même de plus en plus virtuel.

En regardant un peu plus en détail, on constate que tout ce qui se passe autour de nous ne va continuellement que dans un sens. On veut nous prouver que l'on est unique au monde. Alors que dans le même temps nous en avons tous, une vision identique.

Tout à coup, l'existence semble perdre tout son sens.

Bien que nous soyons membres d'une famille, d'une culture, d'un pays, d'une nation, dans la vie, on se sent avant tout comme quelqu'un d'unique.

Alors qu'à côté de cela, on emploie notre temps à tous faire les mêmes actions. Nous avons des agissements tellement similaires que nous mangeons et voyageons là où vont les autres, nous nous procurons aussi les mêmes objets aux mêmes endroits. Bref, il n'y a aucune originalité dans nos attitudes. Au point que tous, nous nous identifions et nous dirigeons vers un seul mode de vie. Est-ce inéluctable que l'on finisse dans un monde-village ?

Tant de ressemblances, alors que l'on se persuade ou plutôt on nous fait croire que nous sommes des êtres uniques. En vérité, nous sommes juste des individus bien intégrés au milieu d'une société normalisée.

Serions-nous irrémédiablement manipulés par un « Système » ? Cloisonnés au moyen d'une programmation ?

De surcroît, celle-ci semble disposer de la faculté de se reconfigurer et de s'adapter sans cesse afin de nous garder sous contrôle. On pourrait dire qu'il existe un programme commun associé à des variantes. D'une certaine manière, ceux sont des jeux de rôles individualisés. Tous en adéquation pour un fonctionnement correct de l'ensemble, au milieu d'une jungle civilisée.

À notre époque, on s'accorde sur le fait d'utiliser des méthodes dites de déprogrammation, sans pour autant admettre que nous soyons programmés. Contradiction ?

Non, pas du tout. Juste une sécurité implantée dans le processus, le protégeant des tentatives de modification du programme non-acceptable pour le « Système ».

L'utilisation de la PNL thérapeutique dans l'intention de sortir des croyances limitantes, ainsi que toutes les méthodes équivalentes, ne servent en vérité qu'à nous optimiser. Tout en restant dans le cadre prédéfini. Ce ne sont en somme que des patches dans le but d'actualiser certains d'entre nous. Car si cela devait en être autrement, ces méthodes seraient perçues en tant que « virus ». Et en toute logique une mise à jour plus conséquente aurait permis de les limiter, voire de les éliminer. Ne psychotons pas, nous ne sommes pas dans une matrice. N'est-ce pas ?

- Pourquoi la PNL -

Pourquoi serions-nous donc plus dans une programmation neurolinguistique qu'une autre méthode de développement personnel ?

Faisons une étude sémantique afin d'exposer ce choix, même cette intuition si l'on peut dire.

Avant toute chose, la programmation possède différentes définitions que l'on peut retrouver dans n'importe lequel des dictionnaires et pourtant toutes s'accordent avec la PNL.

Dans un premier temps, « c'est un ensemble séquentiel d'ordres auxquels le dispositif obéit ». Le dispositif dans ce cas, ce serait nous.

Utilisons un second axe : la programmation en tant que prévision. On programme une machine à faire telle tâche, comme programmer le lave-vaisselle afin qu'il fonctionne demain matin.

En ce qui nous concerne, nous nous programmons à exécuter tel travail demain.

Choisissons une dernière définition, « en mathématiques, c'est la méthode qui détermine la valeur que doit prendre différentes variables afin d'aboutir à une situation optimale. » Le principe de base de la PNL, se donne comme objectif de rendre notre vie optimale au sein du « Système ».

Nous avons ensuite le préfixe « neuro » qui est plus simple. « C'est ce qui se rapporte à l'intellect, au cognitif, à la conscience ou encore au mental. » On s'adresse directement au cerveau défini en tant qu'unité centrale du corps. Plus généralement, on se rapporte à tout ce qui touche au système neuronal.

Et enfin, il y a la linguistique : « Ce qui se dit de tout ce qui s'intéresse aux sciences du langage et aux langues envisagées comme système », telle est la définition du dictionnaire.

Le langage est à la fois verbal et non-verbal, celle-ci se formalise aux bons comportements sociétaux. Afin de mieux cerner l'idée, illustrons-le avec l'exemple de la première impression lors d'une rencontre. Dans ce cas, on nous apprend qu'il ne faut particulièrement pas la rater, car elle en dit long sur nous par l'image que l'on renvoie. Le double langage verbal et non-verbal est décortiqué de part et d'autre des personnes, en lien direct avec nos a priori acquis.

On s'attache toujours à notre perception en fonction de l'autre. La communication est le moyen par lequel tout le monde se comprend, on nous pousse à être sur la même longueur d'onde.

Maintenant rassemblons l'expression complète : « La programmation neurolinguistique est une méthode d'ordre séquentiel et de prévision qui détermine la valeur des variables qui permettent d'aboutir à une optimisation du comportement à l'aide de la science du langage qui s'adresse directement à l'ordinateur central, le cerveau. »

Soit une synthèse de ce que nous avons défini plus tôt et que nous continuerons à décrire à travers ce qui succédera.

En aparté, quid de la folie ?

Folie au sens psychiatrique.

On a maintes fois entendu dire que les fous ne sont pas ceux que l'on pense.

On laisserait en liberté les fous et on enfermerait les gens lucides !

À chacun de se forger son idée.

Chapitre III. Le « Système »

La question qui suit mécaniquement le chapitre précédent est : qu'est-ce que le « Système » ?

Tout d'abord, ce que l'on peut dire, c'est ce qu'il n'est pas.

Ce n'est pas une organisation définie précisément.

Ce n'est ni des bâtiments ou les lieux de décision, ni une religion, encore moins un État. Et ce n'est pas non plus un modèle économique plus qu'un autre.

Le « Système » ne représente rien de tout cela en particulier, puisqu'en vérité, il est tout cela à la fois !

Dans un premier temps, on peut dire qu'il correspond à nos envies et à nos désirs. Le « Système » s'est créé et formalisé à partir de la conscience individualisée. Celle de la volonté humaine d'être au-dessus de tout ce qui existe, devenir les maîtres de l'Univers à l'image d'un Dieu !

Il est l'addition concrète de l'ensemble des egos exacerbés. Cette soif effrénée du pouvoir qui nous a rendu à la fois égoïstes et égocentriques.

Tout compte fait, on a inventé le « Système ». Il est la « conscience collective » de la société si vile. Et en quelque sorte, on en a perdu le contrôle au détriment de notre essence originelle et de la Nature, abandonnant au passage le libre-arbitre.

Résultat, on ne voit plus le monde tel qu'il est. Mais qu'au travers d'un prisme que l'on croit être le nôtre, mais programmé. Une fermeture d'esprit qui entraîne que l'on ne consent aucun effort pour comprendre, accepter ou même juste tolérer autrui. Une fièvre individualiste en vue de tout posséder et afin d'avoir un semblant de maîtrise sur ce qui nous entoure, dans une réalité biaisée.

Le « Système » s'est construit manifestement sur le modèle de l'Univers physique, tel que défini en astrophysique. Au point d'en être devenu une imitation non-matérielle : celle-ci est avant tout au niveau mental. Il a réussi à confiner l'esprit des Humains dans cette croyance à l'aide de la programmation neurolinguistique.

En effet, en prenant le contrôle, le « Système » nous fait croire que cette image mentale représente définitivement l'univers. Par conséquent, tout ce qui nous arrive est normal, nous survivons dès lors dans une inconscience de l'Univers réel qui nous entoure et paradoxalement de la Nature. C'est ainsi que nous perdons de vue les problèmes liés à notre habitat d'origine. Nous ne vivons plus en harmonie avec lui, incapable de prendre des décisions logiques en rapport à sa préservation.

Dans le but de conforter cette impression, le « Système » fabrique des prévisions d'un avenir qu'il projette à l'intérieur de la programmation. Au point que l'on en arrive à penser que la destinée est immuable. Nous vivons alors dans la condition qu'il nous dicte, d'où notre côté défaitiste face à lui.

Contre tout attente, nous imaginons être en capacité de le détruire par la violence. Un leurre, car les actes de violence ne peuvent se faire que contre des bâtiments ou des personnes. Eux-mêmes ne sont que des pions que nous avons contribué à mettre là où ils sont. Ces derniers seront remplaçables à volonté, au gré de nos envies qui de fait le confortent. Des modulations liées à l'égotisme qui finalement nous gardent cloisonnés dans le « Système ».

On ne peut pas non plus le modifier en s'attaquant à une organisation plus qu'à une autre. Puisqu'elles sont aussi composées d'Humains, toujours pions du « Système » malgré l'importance et les fonctions que nous leur accordons. Nous devons admettre que la programmation mentale nourrissant l'ego est également à l'origine des organisations. Ainsi que des règles et des idéaux qui les régissent.

On ne le détruira pas davantage en s'attaquant aux religions, aux états ou aux différents modèles économiques, qui ne sont tous que des moyens à son service. En l'occurrence, il s'impose à nous par le biais de la programmation neurolinguistique. Agissant à travers les religions, les institutions étatiques, les symboles de souveraineté et les propagandes en général de manière à canaliser les esprits. De ce fait, il nous conforte dans une vision commune. Le regard de tous, tourné vers un objectif unique : satisfaire nos envies et nos désirs.

Le « Système » a bâti l'environnement mental et social dans lequel il nous séquestre par la peur et la culpabilité. Il fait dorénavant peser sur chacun la menace des maux les plus grands en cas de désobéissance. Un exemple courant que l'on répète à nos enfants et qui sert à entretenir son emprise : « Si tu ne travailles pas bien à l'école, tu n'obtiendras pas un bon travail. Tu rateras ta vie ! » Un ratage aux yeux de la jungle sociétale.

On peut le traduire par : « Si tu n'assimiles pas entièrement le programme scolaire que l'on t'impose, on te garantit une vie misérable où les fins de mois seront compliquées. Les autres te jugeront sur ton manque d'investissement au sein de la société. La culpabilité te rongera, tu devras faire profil bas et tu seras obligé d'encourager tes enfants à ne pas commettre la même erreur. »

Le regard des autres est devenu la terreur qui nous maintient dans ses griffes. Il se présente à nous sous l'image du père qui punit et damne les mauvaises brebis. Il s'impose logiquement à tous, une normalisation qui fait de lui le seul choix. Un dictateur !

Dans le même temps, le « Système » se comporte en « bon père de famille » qui rassure et nous laisse croire en des lendemains meilleurs. Il est à ne pas oublier le Dieu nourrisseur des egos. Dès lors, on peut se reposer tranquillement sur lui et tout ira bien, tant que l'on croit en lui. Le miracle qu'il procure à chacun est l'espoir ! Celui d'une amélioration de l'existence qu'elle soit sociale, économique, environnementale et autre. On peut continuer à dormir sur nos deux oreilles, il s'occupe de tout.

Nous avons construit notre prison mentale. Si nous voulons en sortir et édifier un monde nouveau, alors il nous faudra renoncer à notre zone de confort.

Chapitre IV. Les Cycles

On comprend que le « Système » imite l'Univers et les cycles naturels en sont une parfaite illustration.

À partir de l'idée que la Nature est périodique, en effet il existe les saisons, la révolution de la Terre autour du soleil, le cycle lunaire, le jour et la nuit, les marées, etc, le « Système » a intégré le principe de redondance dans tout ce que l'on fait. Nous créons inéluctablement des boucles auxquelles on s'accroche si fort, que le moindre changement devient angoisse et stress. Une transcription de la nouveauté en danger qui évoluera au fil du temps en problème, que l'on s'imagine ensuite insurmontable au point de s'en rendre malade.

Mais d'où nous vient cette tendance à avoir peur de ce qui est différent : la nouveauté ?

Ces peurs que l'on se fabrique à force de penser que la vie doit être prévue et prévisible, comme programmée.

Revenons en arrière.

On peut dire que logiquement, il y a une continuité sans interruption apparente dès la conception, et ce, jusqu'à la mort. Chaque jour est donc inédit et personne ne l'a jamais vécu. Cependant, on vit dans un principe de répétition suivant les cycles naturels. La programmation administre notre vie de sorte que le principe récurrent soit assimilé comme si nous demeurions nous-mêmes une constante figée dans l'espace et le temps, engendrant de fait la peur du changement. Ensuite, le « Système » n'a plus qu'à établir une organisation sociétale qui nous rassure. Il applique ainsi son propre modèle cyclique.

Étudions en détail le mécanisme, afin de mieux le cerner. Le premier cycle sur lequel on se base est celui du jour et de la nuit qui rythme les activités durant lesquelles sont inclus nos besoins en nourriture. N'oublions pas que c'est sur ces derniers que le « Système » s'appuie dans la perspective de nous conformer à sa programmation. Ainsi, on nous apprend qu'un bébé doit se nourrir toutes les trois heures. Néanmoins, un enfant, si on l'écoutait, ne mangerait que quand il aurait faim. Une recommandation transgénérationnelle, incluse dans la programmation intégrée par tous, nous pousse à imposer une récurrence alimentaire prédéfinie.

Par la suite, en grandissant, on espace les repas de sorte que l'on mange trois fois par jour, avec si nécessaire deux collations qui servent le plus fréquemment à entretenir certaines dépendances. On organise simplement le rythme de vie sur l'alimentation dans l'idée de nous endormir.

En effet, la digestion est un mécanisme biologique qui ralentit l'organisme. Une phase de repos nécessaire qui limite la réflexion. De là, vient l'idée de nous encourager à nous nourrir le plus régulièrement et le plus possible, afin de maintenir le côté docile. Manger est devenu un automatisme déconnecté du besoin réel de satisfaire la faim. En revanche, on peut se dire qu'il correspond au besoin du « Système » qui accompagne le contrôle mental.

Les habitudes créées, font entrer chaque individu dans un moule. Celui-ci n'a plus qu'à être dupliqué dans l'ensemble des activités au point d'en constituer notre modèle de référence. Dès lors que l'on a acquis la programmation neurolinguistique du cycle, le « Système » nous impose de reproduire des gestes, d'effectuer les mêmes actions chaque jour de chaque semaine, avec de surcroît cette sensation de besoin indispensable.

Il est surprenant de voir que nous effectuons et reproduisons tous les mêmes gestes chaque matin. Puis nous faisons pareil en répétant des actions programmées tout au long de la journée. Ceux-là aussi bien au travail qu'à la maison.

Comme si cela ne suffisait pas, on souhaiterait vivre et revivre des émotions semblables chaque semaine, chaque week-end, et ainsi de suite nous recommençons. Idem pour les vacances, on veut se procurer des sensations identiques chaque année quitte à retourner sans cesse au même endroit, parfois même de génération en génération.

Un désir compulsif de sans cesse revivre inlassablement le même film. De la même manière que les enfants qui regardent inépuisablement en boucle un épisode de leur dessin animé préféré. De surcroît, ce mode de fonctionnement n'a pas l'air de nous perturber.

En définitive, on recherche une existence bien réglée et sans surprise. Une stabilité somme toute qui reste précaire, car quoi-qu'il arrive, le temps s'écoule.

- LE TEMPS PASSE, TIC-TAC -

Le temps !

Base de calcul du modèle cyclique. Le moyen aussi de nous rappeler notre obsolescence.

En l'occurrence, le « Système » tient à ce que l'on garde à l'esprit que la vie file.

Il nous pousse à penser que l'on doit en profiter au maximum. En essayant de gagner notamment du temps, ou du moins, on doit tenter de le gérer au mieux afin de ne pas en perdre.

Le temps qui joue contre nous, c'est essentiellement la peur de la mort. La seule fin que le « Système » ait à nous offrir.

Le temps toutefois reste immuable et s'écoule de façon définitive. Son contrôle est lié à notre perception. Alors on s'est mis à le découper en journées, en semaines, en mois, en années, bref en fonction d'un temps que l'on veut optimiser.

Pourquoi finalement ?

Puisque l'on va consacrer notre temps à reproduire les gestes et les actions pour lesquels nous sommes programmés à répéter, répéter, répéter ....

Un découpage artificiel de la vie qui nous donne un sentiment de sécurité. Celui-ci n'est en réalité que mental, au sein d'un « Système » d'univers mental.

L'exemple le plus frappant qui traduit ce besoin de nous imposer un temps fictif, c'est le calendrier. Nous pensons être au vingt et unième siècle, mais par rapport à quoi ?

On se base sur la vie d'un homme dont on ne peut garantir à cent pour-cent l'existence. De plus les instances religieuses elles-mêmes disent de cet homme, qu'il serait né avant ce que l'on pense. Et par-dessus le marché, la date de naissance de celui-ci est erronée, au vu des documents administratifs sur cette période historique. Sans compter, le décalage entre les calendriers d'autres communautés qui sont soit bien plus en avant, soit en retrait. Une dissonance des dates qui n'empêche pas que l'on s'échine à citer le siècle présent, comme socle des valeurs morales qui nous incombent.

Ainsi, on entend régulièrement ces phrases : « Nous sommes au vingt et unième siècle quand même. Comment se fait-il que l'on voie, ou que l'on entende, encore des choses comme cela ? »

Des valeurs et des principes qui représentent à nos yeux les preuves de notre avancée, on peut même dire notre supériorité, dans l'échelle de l'évolution. Pourtant, les gens dénoncent par ces mots des situations qui existent depuis plus de mille ans pour nombres d'entre elles.

Malgré tout, on souhaite conserver les repères programmés. En effet notre numéro d'immatriculation autrement nommé date de naissance en dépend. Car il constitue la base de notre identité programmée.

Afin de ne pas se soucier de ce genre de détail calendaire, toute notre existence se concentre qu'à travers une seule perspective : le futur. « Je sais ce qui va se passer demain, parce que je fais constamment la même chose qu'hier ». C'est comme ça. Les générations précédentes aiment à nous rappeler qu'il faut s'appuyer sur le passé qui explique le présent pour préparer le futur. Mais dans tout cela où est passé le présent ?

En ce qui concerne la transition entre le passé et le futur, le « Système » utilise les statistiques afin de créer des prévisions. N'était-ce pas l'une des définitions du programme ?

Des statistiques analytiques du passé à partir desquels il façonne des algorithmes. L'utilisation de ces derniers, depuis bien plus longtemps que ce que l'on pense, sert à la programmation dans son adaptabilité aux réactions humaines. Contre cette tentation que l'on pourrait avoir de vouloir modifier le monde dans lequel on s'est piégé. Mais surtout, dans le principe de nous projeter à l'intérieur de sa réalité.

Les algorithmes ont été et sont notamment inclus depuis des millénaires au cœur des religions. Elles en font usage afin de contrôler les ouailles. Après tout, quelle est la promesse des Dieux au sujet d'avoir une vie longue et prospère ? Ils imposent de vivre dans une pensée unique, où il est impératif de respecter les enseignements en appliquant les Écritures. On adhère ainsi à une programmation neurolinguistique par la prière qui permettra d'atteindre les prédictions d'un monde meilleur, qui se réaliseront seulement si on a réellement intégré les commandements. Comme un air de déjà lu ?

Définissons au passage le concept religieux : celui-ci élabore une image de l'Univers à partir de certaines vérités, car on n'est pas en mesure de tout cacher, dans le but de garder sous contrôle le plus grand nombre. Ainsi, les moutons et leur berger regardent et avancent ensemble dans la même direction. Le mot religion peut théologiquement signifier soit relier, on parle alors de lien qui est Universel. Nous n'avons qu'une origine qui nous unit tous, dans l'acceptation des différences. On est en situation de dire ici que c'est une vérité.

Ou il peut signifier relire, on parle alors de relecture. Celle-ci nous propose une vision alternative qui explique l'universalité et nous positionne dans une servitude soumis aux commandements que l'on doit exécuter. Tentant d'échapper aux châtiments. On courbe la tête devant un « Dieu Système » basé sur un prosélytisme des écrits et textes qu'il faut apprendre et suivre scrupuleusement. On peut aussi l'appeler : programmation neurolinguistique. Là, on se répète ! Comme le fait le « Système » ?

Aujourd'hui encore, les calculs d'algorithme sont utilisés. Ils servent à développer des modélisations de notre existence fondée sur le passé. L'avènement de l'informatique a bien entendu simplifié les choses, en amplifiant ce que le « Système » nous prédit comme futur. Où en l'occurrence, ils calculent ses futurs besoins qui permettent à la programmation de nous modeler avec un mental prévisible, plus précis. Grâce aux algorithmes, il nous fabrique une réalité dans laquelle tout semble parfait et individualisé. Il continue le formatage où il n'a qu'à nous dicter ce que l'on doit faire.

Il tente malgré tout par l'intermédiaire de ces outils, de nous fait croire en un sentiment de liberté. Pour exemple, nous pensons effectuer des achats librement, partir en vacances là où on a décidé. Alors que de toute évidence, c'est de nouveau le même refrain. On va acheter des objets identiques dans les lieux où vont les autres et on voyage là, où va tout le monde. Nos idées viennent le plus fréquemment des écrans que l'on utilise. Les effets de mode cycliques et la tendance que l'on doit suivre.

Dorénavant, les algorithmes nous étudierons et proposerons les solutions qui permettront de nous pré-programmer. Encore une définition de programme, n'est-ce pas ? Quand on ordonne à une machine ce qu'elle doit faire à un moment donné. Ne serons-nous plus que des lave-vaisselles ?

À notre époque, nous nous efforçons de plus en plus d'esquiver les difficultés, sinon c'est le stress. Et si par malheur nous en rencontrons, alors nous ne savons pas comment les gérer, le stress devenant permanent. Pas de soucis, dans ces cas-là le « Système » en bon père fournira une aide psychologique. Mieux encore ! Une solution chimique. C'est dans ces conditions que notre existence redevient supportable, tout reprend sa place quand nous restons à la nôtre.

Une vie en toute quiétude bercée en permanence dans le passé, ayant les yeux rivés en continu vers l'espoir d'un futur meilleur. En évitant soigneusement, de prendre conscience du moment présent avec ses bons et mauvais imprévus.

Tout compte fait, on a cru se calquer sur le rythme de la Nature et ses cycles, mais au lieu de cela, on a oublié que chaque jour est particulier. D'une année sur l'autre, aucune saison n'est semblable, aucun jour n'est identique aux précédents. Nous ne détenons qu'une unique certitude : tout est en perpétuel mouvement !

En définitif, seule la pensée et les peurs apprises procurent l'illusion de stabilité dans un univers mental où rien ne semble bouger. L'impression d'une vie où l'on garde le contrôle, dans laquelle pourtant nous nous cachons continuellement derrière notre programmation neurolinguistique qui nous conforte et nous réconforte. Tout cela se déroule avec l'idée qu'ensuite, on va pouvoir se plaindre que rien ne change.

Est-ce un espoir ? Celui d'un réflexe de notre véritable nature qui reste présent et fait resurgir notre libre-arbitre...

Mais là nous nous éloignons un peu trop de la route, poursuivons notre destinée toute programmée.

Chapitre V. L'Éducation nationale

Notre route si bien tracée mène à l'école, une étape primordiale dans la vie.

Le programme de l'éducation nationale est d'enseigner ce qu'il y a d'indispensable à connaître afin que nous vivions normalement et correctement intégrés au sein de la société.

- La maternelle, un jeu d'enfant -

Après avoir acquis les prémices de la programmation neurolinguistique dans le milieu familial, et/ou à la crèche, l'étape suivante est ce que l'on appelle la socialisation. Dans un principe de bienveillance, le système éducatif fournit l'opportunité à chacun d'apprendre dans un cadre ludique au contact de professionnels qui vont nous transmettre les bases pédagogiques de la civilisation.

Avant tout, il se veut maternel.

La maîtresse, ou le maître, y dispense un enseignement en douceur qui passe par un apprentissage comportemental et sensoriel à travers les jeux et le dessin. Ce dernier développe le sens artistique en favorisant l'esprit de reproduction. Mais aussi au moyen des techniques de mémorisation des principes fondamentaux, entre autres dans l'écoute de contes et de comptines. N'est-ce pas une utilisation de la neurolinguistique ?

Parmi les jeux pratiques enseignés, il en est un en particulier très symbolique du formatage. Un jeu innocent, où l'on doit identifier des formes géométriques. On récupère un objet à forme géométrique précise et après, on essaye de le ranger dans la case adéquate. Rien de bien méchant, nous avons tous réussi plus ou moins. À noter que ce principe cognitif, apparemment anodin sera reproduit sous plusieurs autres déclinaisons. Notamment pour apprendre à reconnaître les différentes couleurs, les familles d'animaux, les fleurs, les métiers, ainsi que distinguer les personnages et leurs personnalités dans les contes, etc.

Cependant, on remarquera qu'au programme, il n'est pas prévu que l'on nous enseigne à vivre en harmonie en compagnie de la faune et de la flore dans leur milieu naturel. Mais passons sur ces considérations éco-logiques, poursuivons plutôt notre éducation.

Revenons à nos formes géométriques qui permettent d'assimiler les différents profils que peut avoir un être humain, ceux-là moyennant les histoires que l'on nous conte. Une approche simplifiée afin de savoir cataloguer les individus. Mais aussi d'écrire en chacun les personnalités que l'on souhaiterait devenir. On apprend ainsi à faire la différence entre un méchant et un gentil, un riche et un pauvre, un paresseux et quelqu'un d'assidu au travail.

En aparté, c'est une constante étrange dans les comptines et les contes, en plus de personnalités nettement définies et parfaitement détaillées, les personnages ont tous des métiers. Le chômage n'existe pas dans ces pays-là, ceux des rêves ?

Cela semble en plus essentiel de mettre en avant les gens qui travaillent. À chaque fois, cela permettra, comme par enchantement, aux personnages de basse condition de se muer en quelqu'un de plus appréciable, voire le meilleur au monde. Une image de la vie qui renvoie au côté primordial de travailler dans le « Système ».

Au fait, pourquoi est-ce si important le travail ?

D'abord, on nous explique que c'est une occasion de bien intégré la société. Ainsi, le travail que l'on fournit nous insère, ou nous incarcère, c'est selon, au sein de la société normalisée. Même si on trouve que le travail n'a pas l'air utile. Au passage, l'utilité de celui-ci n'est pas ce que nous en pensons, il se juge en rapport à ce qu'il apporte au collectif. C'est en tout cas cette définition élogieuse que l'on nous « ra-conte » pour que nous acceptions notre position. En vérité, son utilité s'apprécie en fonction de ce qu'il rapporte au « Système ».

Dans un second temps, on nous démontre que le travail représente l'opportunité offerte à chacun de se bâtir une existence réussie. On n'arrête pas de le répéter aux enfants : « Travaille à l'école si tu veux obtenir un bon travail plus tard et réussir ta vie. » Il permet ainsi de changer de classe sociale, d'être riche et puissant. L'avenir meilleur que souhaite la meute. Dans tous les cas, on est sûr d'une chose, on dit que le travail est bon pour la santé. À part celle du « Système », on ne le voit pas vraiment !

Mais désolé d'insister, il n'empêche que le travail ne doive-t-il pas être utile, ou au moins intéressant, dans l'espoir que l'on s'épanouisse ? Cette question mériterait d'être posée !

Allons bon. Là, on s'égare. On est hors du programme, scolaire.

Replongeons-nous dans le programme officiel de l'éducation nationale. Celui-ci est très bien fait, il nous enseigne les comportements adéquats que l'on doit adopter dans la jungle civilisée.

Ainsi durant les premières années d'école, on assimile sans s'en rendre compte une méthode schématique dans l'idée de reconnaître et de classer les gens selon des profils définis, des personnalités et plein d'autres choses. Au bout du compte, cela nous permet de reconnaître d'un seul coup d'œil : le bon, la brute, le truand, le juge, l'imbécile, le curieux, l'indiscipliné et toutes sortes de personnages ou modèles comportementaux présents dans la société civile. Nous apprenons comment ils se sont intégrés au « Système » et en sont devenus une pièce du puzzle.

On apprend ainsi à ranger chaque personne dans ce que l'on nommera « les cases mémoires d'identification », auxquelles on y attachera tous les détails que l'on souhaite. On pourra alors y associer une couleur, un métier, une origine, un sexe, une sexualité, etc. On affinera au mieux afin de réaliser le bon classement, à la façon des cartes Pokemon qui s'échangent au milieu des cours de récréation. Même nous, nous commençons peu à peu à nous identifier et à nous caser.

Au terme du cycle maternel, on consacre notre temps à classer, ranger, découper, coller et à reproduire tout ce que l'on nous montre. Le plus drôle dans cette histoire, c'est que ce sont les compétences que l'on utilise le plus durant la vie adulte. À la limite, on aurait pu arrêter les études à la fin de la maternelle !

Afin de saisir parfaitement le propos, souvenons-nous de l'exemple de la première impression lors d'une rencontre dans la définition de linguistique, dont on nous dit qu'elle est si fondamentale. Celle qui fait toute la différence dans notre rapport à l'autre, en nous offrant la possibilité d'apposer une étiquette sur les personnes. Avant de les classer dans les « cases mémoires d'identification » correspondantes.

En y regardant de plus près, cette première impression est la plupart du temps trompeuse. Quand on prend le temps et que l'on a la chance de mieux connaître la personne en question. Notre idée première se retrouve bien loin de la vérité et on se rend compte que la case autant que l'étiquette d'origine sont trop réductrices lorsqu'il s'agit de cerner quelqu'un. Parfois, cela nous mettra même en conflit avec ce que l'on a appris. Une remise en question qui serait souvent salutaire.

Mais envisageons le problème à l'inverse, le jugement des autres est généralement assez réducteur et peu flatteur à notre égard. Nous avons nettement plus de compétences et de qualités que ce qu'ils pensent. Nos aptitudes sont fréquemment sous-estimées et notre personnalité est bien plus complexe que ce à quoi on nous a réduit quand on se présente la première fois. On nous range trop hâtivement nous aussi dans une petite « case mémoire d'identification », contraignante et stigmatisant. Malgré cela, nous continuerons à classer, couper et coller des étiquettes sur les gens. Et on les range. Pourquoi ?

Parce que c'est bien plus rassurant comme ça ! Cela correspond parfaitement à ce que l'on nous a enseigné pendant notre enfance. Tout le monde est une forme géométrique, on doit juste les ranger dans la case adéquate.

Lors de notre apprentissage en maternel, on étudie également dans les contes et comptines plein de bons sentiments qui nous permettent d'appréhender la notion du « bon sens ». Celui qu'il convient d'avoir dans le cadre d'une vie raisonnable, qui conduit à réaliser les bons choix sur ce qu'il faut faire et impérativement ne pas faire au risque d'être puni. N'oublions pas que l'obéissance représente une qualité fondamentale au sein du « Système », elle l'est aussi dans le système éducatif. Un environnement où on récompense les gentils et punit les méchants, à l'image des histoires contées.

Néanmoins, dans le monde des adultes, il y a des nuances. Quand on est une personne lambda, dite ordinaire, on doit obéir sinon, c'est la punition. En revanche, selon sa position sociétale, cela n'est plus tout à fait vrai. Une facette jugée secondaire que l'on omet d'expliquer aux enfants. Ils le comprendront d'eux-mêmes ou le subiront plus tard.

Enfin, restons concentrés sur la formation éducative et son programme qui en est à ses prémices, que déjà, une vision de nous adulte se dessine. On s'oriente vers la bonne direction.

Durant la scolarité, nous acquerrons et développons cette fonction essentielle en ce qui concerne la suite de notre existence : les cycles. Bien que nous en ayons acquis une certaine base dans le cadre familial, c'est avec le rythme scolaire que l'on rentre effectivement dans le mouvement répétitif imposé du « Système ».

L'enseignement scolaire programme chacun à répéter inlassablement les mêmes gestes et les mêmes actions.

- L'élémentaire, mon cher héros -

Dans la continuité de cette idée, le passage en élémentaire va approfondir le principe de redondance. On débute avec le cours préparatoire, là où on apprend la lecture et l'écriture. La programmation inclut aussi la découverte de nouvelles matières. Celles-ci ne cesseront de s'ajouter les unes aux autres tout au long de la scolarité. Les mathématiques, le français, l'histoire et la géographie, les langues étrangères en passant par le sport, plus tard, on proposera des cours de technologie et de philosophie.

À chaque passage de niveau nous approfondirons un peu plus les connaissances dans les différentes disciplines. La récurrence du programme de l'éducation nationale dans toute sa splendeur.

Un exemple troublant et indépendant des enseignements est le fait de demander à chaque changement de niveau : « Dites ce que vous voulez faire plus tard ». On aurait dit un compte à rebours qui se serait déclenché. Comme s'il ne fallait pas attendre quant au choix de la case dans laquelle on souhaite se placer. À chaque fiche de renseignements de début d'année, on y a droit.

On nous aide à nous projeter plus vite vers le futur. Parce qu'en plus de nous former à intégrer les cycles et nous enseigner le passé, l'école sert à nous apprendre à concevoir une vision de nous au sein du « Système ». Une façon de faire valider inconsciemment que l'algorithme de notre vie se calcule à partir des suggestions répétées à notre cerveau d'enfant.

La programmation neurolinguistique construit la conscience que vivre, c'est reproduire des schémas pré-programmés. Avec cette idée induite que l'on doit croire en l'espoir d'un futur différent. Même si celui-ci semblera éternellement se dérober.

Le système scolaire fonctionne également sur la logique des stimuli et récompenses. La notation en représente la partie visible, même si on parle plus d'appréciations à cet âge-là. Alors qu'une autre partie est plus insidieuse, couplée au principe de récurrence des rythmes scolaires qui est fait d'alternances entre périodes actives suivies de vacances.

Ces dernières, on les obtient après avoir réalisé le travail que l'on attendait de nous. Nous établissons mine de rien une habitude. Une boucle mentale où les vacances représentent l'objectif désiré. Comme dans tout ce que nous faisons, cette habitude nous souhaiterons la revivre. Encore et encore. Au point que quelques années plus tard en tant qu'adulte, soumis au « Système », nous accomplirons le dur labeur pas toujours utile que l'on nous demande, attendant impatiemment les vacances : le Graal du travailleur.

Un des rôles capitaux qui incombe à l'école est le fait de détecter les perturbateurs. À moins que le but réel ne soit autre que de les créer ? Cette détection favorise la mise en place au plus tôt des castes sociales. On s'est continuellement demandé pourquoi il y a une telle facilité pour le système éducatif à mettre des enfants à l'index ? Réponse bête : on doit tout bonnement produire les méchants des contes et comptines. Les truands, les brutes, ceux que l'on déteste et qui hantent nos cauchemars durant nos jeunes années, avant de venir terroriser notre vie d'adulte. Ils serviront aussi de « groupes témoins » qui valident le principe de réussite quand on se conforme à suivre les règles de la programmation.

De même qu'il est primordial de révéler les futurs dirigeants d'entreprises ou des masses, ainsi que ceux qui contribuent à faire perdurer le « Système ». Afin que ce dernier s'adapte aux éventuelles crises de conscience de certains. Oui, ces personnes que l'on appelle des « inconscients » qui pensent être des victimes et faire l'objet d'une programmation. D'une manière générale, ceux-là ne comprennent rien à ce monde et mettent en danger notre mode de vie. Sans oublier dans ce tour d'horizon la masse des ordinaires dont on extrait de temps en temps quelques extra-ordinaires.

Bref, on a dressé le décompte et un rangement comme il se doit des uns et des autres, on les met au fond des petites boîtes.

Par-dessus tout, on n'oublie pas d'entrer soi-même dans l'une d'elles, ainsi la planète continue de tourner : toujours en rond. Un poisson rouge dans son bocal !

Dans l'idée de mise en place de castes sociales, on retrouve en point d'orgue la peur : celle qu'inspirent les méchants avec leurs brimades dans les cours de récréation. Ces peurs indélébiles à côté desquelles on retrouve les déboires d'enfants frustrés qui rêvaient de contes de fée avec des amourettes innocentes. Eh oui ! Le prince, c'est le plus beau, le plus fort, en tout cas au cœur du schéma sociétal préétabli. Un apprentissage que la vie est distincte de celle des livres.

Toutefois, pas de problème pour le « Système », un ego vexé, c'est du pain béni. À destination des enfants perdus, il propose des distractions éducatives comprenant les livres de super-héros, qui seront par la suite adaptés au cinéma de manière à offrir plus de visibilité. Le message envoyé est simple : « Devenez-vous aussi un héros et vous renforcerez vos chances de réussir dans la vie. Vous vaincrez les méchants et vous obtiendrez l'amour ». L'objectif recherché est d'amplifier le sentiment à l'origine du « Système ». Celui de vouloir être supérieur aux autres, de les dominer, le fantasme d'être à l'image des Dieux.

Tous les ressentiments deviennent alors utiles, si nous croyons en nos capacités de super pouvoir. Seul, face au reste du monde, une conscience individualiste supérieure. Une manière sournoise d'implanter dans le mental de chacun un arsenal de présupposés pouvoirs. Une vie dans un monde chimérique où l'on sauverait une Humanité soumise et perdue, dans le but d'en devenir le guide. Ainsi, on transforme et justifie la violence. La colère verte au même titre que les armes se convertissent donc en une force et en une alternative acceptable contre les prétendus méchants. On veut nous faire imaginer que l'on est devenu le héros de notre vie.

Néanmoins, les peurs que nous avons cru affronter dans ces instants ne cesseront jamais de grandir au fur et à mesure que le temps passe. Un biais cognitif que l'on retrouvera plus tard, quand devenu adulte, on agira de façon irrationnelle face aux stimuli publicitaires, notamment ceux provoqués par les super-héros cinématographiques.

En ce qui concerne la notion de peur, elle est tout autant enseignée pendant des heures en classe. Les cours sur l'Histoire que l'on nous « conte » sans que nous ayons la possibilité de la remettre en cause. Une Histoire sur laquelle on ne nous offre qu'un regard accusateur ou bienveillant du « Système ». Une version qui ne prend aucunement en compte la réalité du présent d'alors. On est juste dans le jugement.

De surcroît, on fait en sorte de nous enlever l'envie de comprendre. La société et le système éducatif considèrent comme un principe fondamental le fait que celui qui enseigne détient le savoir. Toute autre source ne serait que des mensonges, que l'on justifie de nos jours en la traitant de conspirationniste.

L'école renforce l'image mentale d'un univers où il n'existe qu'une vérité unique et au sujet de laquelle nous n'avons qu'une chose à faire : avoir foi en ce qui est enseigné.

- LE COLLÈGE OU LE DÉBUT DU STRESS -

S'ensuit le collège, une étape de concrétisation. Une période cruciale en ce qui concerne la programmation au moment où naissent les émois de la puberté. Tandis que l'ego d'adolescent se retrouve naturellement en conflit avec les enseignements. Le corps est en mutation et de nouveaux besoins viennent s'ajouter aux anciens qui sont déjà bien maîtrisés par le « Système ». Dans le but de les cadrer, de nouvelles peurs sont créées. Celles-ci seront nourries en conséquence.

À ce moment de la vie, on aborde sans en être conscient, un voyage initiatique dont l'objectif sera de nous piéger. Dès lors que l'on entre dans l'entonnoir qui nous est proposé, nous n'avons plus de véritable choix. Soit nous restons au sein de la meute et respectons son éducation. Soit nous partons en compagnie de l'Esprit Universel vers un village utopique, guidé par le libre-arbitre dans une bienveillance d'Âme.

Lors de ce voyage intérieur, nous sommes à nouveau confrontés à l'image du tigre nous renfermant entre ses griffes. Celui-ci resurgit et il tente de nous obliger à abdiquer au plus vite. Il veut nous imposer par la crainte de maintenir notre conscience dans le « bon sens », afin de vivre pleinement au milieu de la jungle, la civilisation. Pour y parvenir l'ordre établi de la société intensifie la pression scolaire, essayant de raccourcir le temps de lucidité. Une manière de ne pas laisser place aux conflits internes. Ceux qui refont surface sous les traits d'une panthère noire qui tente de nous dévier de l'enseignement.

Bien sûr, nous connaîtrons une période de rébellion qui au final demeurera encadrée grâce aux artifices qu'offre le « Système ». Celui-ci s'appuie sur la place de l'image, celle que l'on renvoie dans la société. Tout comme à l'époque de la petite enfance, celle-ci reste une constante primordiale. Dans ces moments-là, on devine de plus en plus, qui deviendra quel type de personne et accomplira quoi à l'âge adulte. Inéluctablement, se dessinent les futures cases où chacun ira s'enfermer. La conscience individuelle prend indiscutablement le dessus sur l'essence originelle.

Les cours quant à eux restent ni plus ni moins qu'un rabâchage. Comme déjà dit, ils seront à peine davantage développés que ce qui a été enseigné auparavant. La boucle mentale d'une vie cyclique, socle des automatismes, croissent aussi vite que nous.

On constate qu'à aucun moment des neufs années passées au primaire et au collège, il aura été enseigné le fait de vivre au présent. Ou que l'on aurait sincèrement pris du temps, afin de concevoir la nature telle qu'elle est et non, telle que l'on veut qu'elle soit. Bien sûr, on fait des classes vertes, pendant lesquelles on va principalement donner envie à certains enfants de cultiver la terre. Une détection des futurs agriculteurs au service du « Système ». Il faut en priorité nourrir les besoins primaires. Après tout, les moutons doivent paître avant d'être tondus.

Le collège demeure aussi le lieu où chacun découvre qu'il lui faudra pérenniser l'espèce. Comme si celle-ci était en voie d'extinction. Les émois sentimentaux et la sexualité au service de la continuité.

Pourtant, c'est à cet âge que l'on se pose ses premières questions sur l'existence ? Tout en étant capable d'en saisir les enjeux. Alors pourquoi on nous fait tout un plat sur l'apprentissage de ses Histoires du passé, ainsi que sur des théories inutilisables dans notre quotidien. Pendant que l'on vit une journée différente chaque jour au milieu d'un environnement mourant !

La Nature n'est pas que nourricière, on en fait partie. On devrait nous enseigner à vivre en harmonie avec elle, au lieu de se battre contre elle en voulant la soumettre. Ah oui, c'est vrai que l'on nous fait perdre la conscience de son existence. Nous évoluons dans un univers mental. La vérité est ailleurs : dans le virtuel.

L'enfance se termine sur un stress enseigné qui est validé par l'environnement familial. Celui-ci nous pousse à réussir un examen devenu scolairement inutile : le diplôme national du brevet. Ce dernier offre la possibilité au « Système » de démontrer, grâce à la pression qu'il exerce, sa main mise sur notre existence.

Ainsi se termine le voyage initiatique. En définitive, nous respectons le choix du tigre préférant rester tranquillement au sein de la meute, quitte à se cacher dans des mensonges sur nous-mêmes.

On sacrifie les tentatives du libre-arbitre qui essayait de refaire surface. À ce moment-là, on ne joue plus vraiment aux super-héros. Au contraire, on s'amuse à se faire peur.

La peur, cette prison que l'on n'aura jamais fini de construire. Elle s'inscrit définitivement en chacun au moment du passage vers le monde des adultes. Car il est maintenant temps de se concentrer sur l'avenir. Nous représentons pendant un court instant le futur du monde possédant pour seul bagage l'enseignement reçu : le passé.

On aura tout le loisir de vivre le présent, plus tard.

- LE LYCÉE LE DÉBUT DE LA FIN ET APRÈS -

Nous voilà déjà au lycée, le temps semble filer. C'est l'apogée de la programmation neurolinguistique. La pression augmente à l'approche des objectifs terminaux. Drôle de nom donné à une classe : terminale !

La phase terminale, c'est un cycle qui se termine. Un procédé pour nous rappeler que tout a une fin, surtout nous.

Pendant ces dernières années d'études, l'enseignement de l'éducation nationale reste lui qu'une redite. Il va à peine un peu plus loin dans les matières, finalisant l'endoctrinement dans une pensée unique. On passe donc un examen en forme de trophée, une récompense qui permet d'accéder à la suite du programme. À l'affichage des résultats, en bon élève ayant réussi son assimilation de la programmation, nous sommes prêts à rejoindre le niveau supérieur. Dans la continuité du lycée certains poursuivent en tant qu'étudiants, tandis que d'autres partent immédiatement travailler.

Peu importe ce que l'on décide, l'orientation des individus valide le « Système », il est assuré de survivre très longtemps. On applique à présent la programmation à travers tout ce que l'on fait. Nous classons les gens dans des « cases mémoires d'identification » et vivons de façon cyclique en étant persuadés de savoir comment fonctionne le monde.

Néanmoins, nous avons à la majorité et en majorité une prise de conscience. Comme si le souvenir du lien Universel et du chemin de vie refaisait surface, réminiscence des connaissances innées de l'Âme avant que le tigre ego ne nous dévore entièrement dans sa vision de la jungle. Nous sommes libres, jeunes et insouciants, du moins en apparence. Les questions que l'on se pose régulièrement à vingt ans sont : pourquoi la société est-elle si injuste ? Comment rendre le monde meilleur ? Résurgence de la sagesse de la panthère tapie dans le noir, au fond de notre inconscient qui tente son baroud d'honneur afin de nous faire réagir.

Malheureusement, les questions que celle-ci nous soumet sont vite balayées par l'environnement familial et social. Tel le serpent insidieux qui siffle à nos oreilles de lui faire confiance, il nous convainc de suivre l'éducation et les enseignements si durement acquis, validés par les examens. Il s'efforce de nous rappeler les peurs qui ont été imprimées en chacun, tout au long de nos jeunes années. Elles sont déjà si bien implantées, que le « Système » n'a plus qu'à les activer à bon escient quand il souhaite nous ramener dans le « bon sens ». On prend ainsi conscience de ce que l'on doit accomplir : faire et finir des études, obtenir un travail, fonder une famille, éduquer les enfants avec les valeurs que l'on a reçues. Nous délaisserons de ce fait le libre-arbitre, il restera de nouveau enfermé au plus profond de nous.

Après tout, nous ne sommes qu'un grand primate qui ne doit chercher qu'une chose : faire comme les autres. Nous pouvons compter sur l'image des parents et des rêves extraits des contes d'enfant. Alors résonnent ces paroles d'une chanson qui tournent en boucle dans nos têtes : « Je veux faire comme vous, être comme vous ». Dorénavant, nous regarderons l'avenir dans le « bon sens ». Le choix d'un métier se fait plus pressant et nous décidons de poursuivre une destinée programmée.

On intègre un de ces métiers utiles au « Système ». Selon le chemin sur lequel on s'engage, on peut aussi bien devenir plombier que choisir d'appartenir au monde des voyous. Ces derniers ont été formés dans « les écoles » parallèles afin de prendre la relève de leurs aînés. Un renouvellement des méchants qui complètent ainsi la masse, base de la pyramide composée de la foule des consommateurs. Ou ce que l'on peut appeler commodément : le consommable. Les choses se mettent logiquement en place, les éléments qui permettent de valider les peurs qui nous hanteront autant que ceux nécessaires au contrôle et au maintien au sein du « Système » du maximum d'individus. La reconnaissance de l'Humain que l'on est, peut encore attendre.

Nous nous retrouvons en un rien de temps sur le marché du travail. Tel au marché à bestiaux, les moutons sont aiguillés vers la continuité de la jungle si vile, nous savons que la mort est la destination finale. Mais pour y aller, on peut soit emprunter un chemin tout tracé, qui ne nécessite qu'une chose, accepter les stimuli et les récompenses qui nous sont promises. Ou alors, opter pour une vie dite compliquée aux yeux des autres, hors du « Système ».

Le choix est vite éludé pour la plupart d'entre nous, car le temps de l'Être adulte commence.

Il nous faut rapidement trouver un travail.

Chapitre VI. La vie d'Adulte

- JE TRAVAILLE DONC JE SUIS -

Nous y voilà !

Nous entrons dans le monde du travail la peur au ventre.

La société d'aujourd'hui est gangrené par un phénomène appelé chômage. Cet outil qui sert avant tout à mettre un coup de pression. Une mise en garde appuyée, au cas où nous voudrions croire qu'il existe une voie différente que celle proposée par le modèle sociétal.

Quand on débute dans la vie dite adulte les règles sont simples : on va travailler, on part en vacances, on fonde une famille, on achète les choses que l'on nous fait croire indispensable. Bref, on nourrit la conscience individualisée que l'on nous a transmise : l'égotisme.

Travailler, c'est cultiver l'image que l'on renvoie au sein de la société, en montrant à nos semblables ce que nous sommes en capacité d'acquérir et avons acquis. Dans l'intention qu'ils nous jalousent. Mais eux aussi ont été éduqués et veulent détenir autant que nous, dans l'espoir d'avoir le même niveau de vie sociale. Voire, bien plus encore dans l'idée de concurrencer le reste du monde, en quelque sorte s'afficher aux yeux de tous en « un plus grand super-héros ! »

N'oublions pas que nous prétendons seulement vouloir être différent, tout en voulant ressembler le plus possible aux autres. L'ego de l'enfant qui ne voulait qu'un peu d'amour et de présence de ses parents.

Hormis créer de la richesse économique en nous tondant, on est en mesure de se demander à quoi sert de constamment vouloir avoir plus ? Et cela en fabriquant toujours plus qu'hier.

On a l'impression que cela ne sert qu'à nourrir le « Système ».

On pense être fort avec notre impression de pouvoir. Nous exerçons le pouvoir d'avoir ! Associé à son frère siamois, le pouvoir d'achat !

Après tout, quel est le rêve parfait programmé ?

Une création fait d'envies et de désirs dès le plus jeune âge. Le conte de fée idéal pour beaucoup d'entre nous, se résume à posséder :

- Un travail, peu importe l'utilité.

- Un beau smartphone, c'est une référence d'aujourd'hui. Signe extérieur de richesse au vu des prix, le meilleur moyen de choisir des vacances uniques, à partir des photos des autres.

- Une grande télévision, afin de pouvoir continuer à s'informer. À moins que ce ne soit « se former au sein de sa demeure » ?

- Une belle voiture, qui tend à prouver que l'on a effectivement réussi. Une réussite en tant que plombier autant qu'en tant que voyou.

- Une maison, où on accumule plein de belles choses dedans et dehors. Elle nous appartient, mais pas trop. On continuera de payer toute sa vie. « La terre ne nous appartient pas, nous l'empruntons à nos… » Non ! On l'a acheté donc elle est à nous.

- En complément une famille. Cela rend bien sur les photos et en soirée.

Marié(e), avoir beaucoup d'enfants et ils vécurent heureux pour toujours. L'individualisme !

Le plus fort est d'avoir codifié chaque individu avec le même schéma de pensée et de lui faire croire qu'il est unique. Grâce à cette arme : la programmation neurolinguistique, le « Système » nous dirige et nous adhérons entièrement.

Très vite, la vie d'adulte vire à une succession de clichés que l'on nous a dépeints dans les livres durant l'enfance et adolescence. Et en particulier montrés à la télévision, sur notre grande télé, ou au cinéma. Nous vivons en somme à l'intérieur d'une sorte de « déjà vu » en continu, enfermé dans un passé qui n'est pas le nôtre. Mais que l'on s'approprie volontiers. Notre programmation nous fait exister au milieu d'une sorte de fantasme : celle des scénarios de nos séries préférées ou des émissions de télé dite réalité. En contrepartie, nous subissons les inconvénients de la vie réelle.

Cependant, tout le monde n'a pas bien intégré le « Système » et des disparités existent. Pas d'inquiétude ! Nous aurons l'opportunité d'évoluer, des patches existent. Attention ! Tout le monde n'aura pas la chance d'en profiter...

Comme si les étiquettes individuelles ne suffisaient pas, le monde du travail a donc été divisé en différentes catégories socio-professionnelles. On nous enclave dans des sous-groupes. Des sous-divisions toujours en forme de castes qui ont différentes appellations et se trouvent à tous les niveaux de la société. Elles sont construites de façon pyramidale créant l'envie et l'espoir de pouvoir évoluer.

On peut en citer quelques-unes : les castes du monde ouvrier, les classes moyennes, voire mieux, faire partie des grands patrons et au summum être dirigeant des masses. À chaque appellation, selon la sphère où l'on évolue, l'objectif reste le même. Celui de créer une mini-jungle, inégalitaire, afin de favoriser les instincts primaires qui engendrent que l'on se regarde les uns les autres en chiens de faïence. Une compétition malsaine qui isole et facilite le contrôle mental.

C'est invariablement la même stratégie : des besoins et des instincts primaires pour un conditionnement comportemental classique, tel que décrit par Pavlov.

Bien sûr, n'exagérons pas, il y a des passerelles entre les castes. L'évolution est possible et souhaitée. Néanmoins, il n'en faut pas trop non plus. Le statut social comme condition d'une vie meilleure représente une promesse du « Système » qu'il enseigne dès la maternelle et qu'il s'y doit de favoriser. Les contes et les histoires de super-héros l'ont mis en avant afin de démontrer qu'une personne de basse condition, disons ordinaire, peut évoluer en prince ou princesse, voire encore mieux en un héros adulé de tous, grâce à ses capacités exceptionnelles. Devenir un extraordinaire.

Une stratégie afin de laisser croire que l'on peut choisir « sa forme géométrique » et donc de changer de caste sociale grâce à la volonté. Ainsi passer au-dessus des autres qui restent eux des gens ordinaires, dans une vie de...

Passons, à contrario les membres de la nouvelle caste dite plus haute ne manqueront pas de nous rappeler nos origines. Cela chaque fois que l'on effectuera des actions qui ne sont pas en adéquation avec notre nouveau statut social. Le passé nous poursuit quoiqu'il arrive et nous poursuivra inlassablement. Nous vivons dans une société passéiste où notre programmation nous confine. Elle fait en sorte que l'on s'y enterre et que l'on s'y réfère sans cesse. L'Histoire lui-même, se comporte semblablement à un cycle qui paraît recommencer indéniablement, donnant cet effet qu'individuellement nous-mêmes, nous répétons chaque jour nos gestes, accompagnées des mêmes envies. À côté de cela, nous émettons les mêmes complaintes en reproduisant nos erreurs. Au point de croire que tout est écrit d'avance, une destinée sans possibilité de choix réel de changement.

Serions-nous enfermés ? Comme dans une boite, ou ne serait-ce pas plutôt la caverne de Platon ?

Doit-on vraiment se résigner à accepter ce destin au sein du « Système » ?

Le cycle dans le monde du travail dure le temps de nos plus belles années. Au regard de l'espérance de vie elle en représente la moitié, sachant que l'on a déjà passé le premier quart à l'école. Une période durant laquelle nous pourrions accomplir des actions utiles et en harmonie avec l'environnement. Une existence qui deviendrait meilleure à la fois pour nous et tout à chacun. Celle-ci est une promesse que fait le « Dieu Système » à ceux qui respectent son enseignement, mais pour plus tard. Toujours « plus tard » ! En attendant, nous devons vivre selon le programme.

Alors on se morfond, accumulant le maximum d'objets superflus pour la plupart. Le pire, c'est que l'on ne s'en servira quasiment jamais. On s'occupe en prétendant préparer la retraite. Ce moment où « le plus tard » se transformera en une réalité promise.

Certains passeront la majeure partie de leur vie à se demander : pourquoi on fait tout ça ?

Tandis que d'autres vivent sans se poser de questions. Tout compte fait, on peut être heureux dans le « Système » ! Après tout, il prend soin de nous, nous nourrit, nous distrait, nous fait oublier que l'on va mourir. Bref, une destinée d'insouciance à qui veut bien se soumettre.

- LA NORME, D'UNE VIE MORNE -

Mais dans la vie, il n'y a pas que le monde du travail. Il ne faut pas oublier que l'on est soumis à une pression sociale qui nous impacte dans tous les domaines. Celle-ci se traduit par la norme.

Être normal, c'est vivre comme tout le monde.

Revoilà le grand primate qui fait comme les autres, l'Homme. La normalité est synonyme de « bon sens », elle nous est dictée partout et tout le temps. Chaque jour à la télévision, sur les réseaux sociaux, dans les journaux, dans les commentaires et les discussions de notre environnement social et familial.

Et au cas où on douterait de notre capacité à respecter les normes, nous pouvons compter sur les patches ! Ils servent à nous secourir, en tant qu'échappatoire à la spirale de l'échec. Ils nous aident à revenir dans le « bon sens ». Ouf ! On va être normal en se faisant reprogrammer. On peut ainsi utiliser la PNL thérapeutique dans le but de réussir à corriger notre vision. Grâce à cela, nous serons plus heureux et aurons la possibilité d'enfin faire comme ceux qui ont réussi dans la jungle.

Avec les reprogrammations du système d'exploitation, certains vont pouvoir devenir « comme » et d'autres continueront à mieux-vivre « comme », tout en respectant la norme. Des méthodes qui nous renvoient à une image du bonheur qui nous confortera dans nos désirs tout en continuant à subir. Une existence dite meilleure dans le bien-être, alors qu'en vérité rien ne change réellement : seulement l'image mentale que l'on se fabrique au sein du « Système ». On pourra juste parader comme les gens qui ont réussi. Après tout, cela ne reste que du développement personnel.

La vraie chance de bouleverser notre existence serait de prendre conscience que la programmation neurolinguistique et le « Système » sont les deux faces d'une même pièce. Les gémeaux qui gouvernent notre pensée et qui s'entretiennent l'un et l'autre. Si on tenait compte de cette voix qui murmure continuellement du fond de nous : « Mais moi alors ! L'enfant né libre et avec un but différent. Quand puis-je exister ? »

C'est une question qui se pose de plus en plus et pour beaucoup d'entre nous, à laquelle le « Système » n'est pas indifférent. Il commence à s'adapter, tout en actionnant ses soupapes de sécurité qui nous fait un rappel à l'ordre contre les velléités de changement hors programme. Il tire sur les manettes de la peur de manière à nous remémorer notre obsolescence !

N'oublions pas que nous ne servons qu'un temps. De surcroît, nous ne sommes que du consommable au regard de la foule d'êtres humains à disposition.

Il brandit la peur du temps de travail compté, à la retraite nous pourrions finir pauvres et démunis, devenir un poids inutile pour nos proches. Une vie ratée au sens sociétal, la fin des promesses. Ou pire ! Nous pourrions bien avant nous retrouver à la rue. Une punition du père : être mis à l'index si nous faisons trop de zèle. Ainsi, quand le passé ne suffit plus, il agite les peurs d'un futur apocalyptique.

L'apocalypse, comme dernier recours de la fin des temps. Ou plutôt l'agitation d'une triste fin qui nous attend.

Ces peurs, implantées en nous depuis notre plus jeune âge, souvenons-nous des mises en garde reçues de nos parents et de la meute après notre naissance. Ensuite à la maternelle, dans les histoires et les contes où celui qui ne se conforme pas aux règles dictées de la normalité se retrouve dépouillé et méprisé de tous, et plus si nécessaire. Cela dure depuis des millénaires, toutes les peurs nous ont été enseignées, aucune n'est innée. Car par nature le corps et le subconscient nous aident en donnant des réponses adaptées afin d'affronter et de franchir les obstacles qui se présentent à nous.

Le stress est à la base le mécanisme naturel, et donc positif, qui nous pousse à nous dépasser. Malheureusement, nous avons perdu le mode d'emploi. Dorénavant, il est utilisé comme outil dans la peur du changement. Il est sous le contrôle du « Système ».

Dans le cas où l'on persiste dans notre volonté révolutionnaire, celui-ci en dernier recours ravivera le côté émotionnel en faisant appel à notre environnement social et familial. Toujours complice, la meute ancienne et nouvelle n'hésitera pas à nous faire la morale aux premiers signes de doutes sur le bien-fondé de l'existence telle qu'elle doit être. En cas de prise ou plutôt de crise de conscience, on aura droit aux « bons conseils d'ami » dictés via la programmation raisonnable.

Tout comme dans l'éducation reçue durant notre enfance, la meute ne veut que notre bien. On a alors droit aux sempiternelles rengaines :

- « Ne gâche pas ta vie ! »

Mais quelle vie ? Serions-nous tentés de répondre.

- « Ne te laisse pas piéger par ces conneries, tu vaux mieux que ça. Pense à ta famille. »

C'est parce que nous pensons à nos enfants que nous changeons. Avec l'espoir de bâtir un monde meilleur maintenant. Et dans l'idée qu'ils puissent grandir avec une vision différente.

- « La vie est courte, profite. »

Profiter de quoi ? De posséder plein d'objets superflus, en s'empiffrant et buvant à se rendre malade.

- « Ces gens ne sont que des inconscients qui vivent aux crochets de la société ! »

Devenir inconscient ! Et retrouver son chemin de vie. Une autre alternative semble à cet instant à portée de main…

- LA RETRAITE, ENFIN LA FIN -

En attendant, une hypothétique évolution, continuons d'avancer vers le destin qui nous est programmé.

Il arrivera ce moment, malheureusement cela ne concernera pas tout le monde, où on nous annoncera que nous serons bientôt à la retraite. Enfin, le « plus tard » !

Une porte de sortie où tout un chacun va pouvoir profiter et s'accomplir autrement que par le travail. Cette promesse du « Système » qui nous a poussés durant les trois-quarts de notre existence à retarder et carrément repousser notre volonté de vivre différemment.

Quand enfin arrive ce moment de la fin du temps de travail, on se retrouve alors entre la vie qui était dite active et la mort qui se profile. Comme si le compte à rebours qui nous semblait interminable il n'y a pas si longtemps encore, avait atteint d'un coup les cinq dernières secondes. Celles-ci semblent si longues et tellement courtes en même temps. Elles dureront en ce qui concerne les plus robustes, le dernier quart de l'existence. En ce qui concerne les autres, et ils sont nombreux, ce sera beaucoup, beaucoup moins.

Ce grand moment de la retraite, injustice sociale qui plus est, vient valider ce que l'on nous a promis. Les bons et les mauvais choix du passé vont dorénavant hanter et hanteront le reste de notre vie. Le respect que l'on aura eu à l'égard du programme va se payer ici. Une sorte de karma.

Nous ne servons plus à grand-chose, mais on va utiliser ce qui reste. Tout d'abord, en créant de la richesse pour le « Système », après tout même les vieux moutons peuvent être tondus.

En second lieu, nous pourrons à l'aide de notre karma servir d'exemple. D'une part, en validant la programmation neurolinguistique, nous nous porterons garant des promesses de celle-ci auprès des travailleurs. D'autre part, en portant les valeurs et les croyances du bien-fondé des pratiques socio-culturelles et cultuelles auprès des plus jeunes.

Nous assurerons aussi le rôle de nounou. Inculquant aux jeunes enfants les rites de la programmation, tout comme nos prédécesseurs l'ont fait pour nous. On enseignera également aux plus grands le passé et l'importance d'en faire un point de repère. En leur expliquant pourquoi ils doivent s'y confiner comme nous, en le reproduisant au cours d'une nouvelle époque avec des données actualisées.

Même dans cette période, le « Système » trouve le moyen de faire miroiter une illusion d'un futur en vue que l'on pense le moins possible à la fin. En revanche en continuant à le servir. Il arbore les records de longévité que nous pourrions atteindre si on reste sous son contrôle. La science des médicaments nous aidera à survivre, enfermés au sens physique au fond d'un établissement à destination des personnes âgées. Une sorte de mouroir où on survit sans trop savoir pourquoi. Un dévouement jusqu'au-boutiste et irréaliste.

La peur de la mort : le point d'orgue d'une destinée à courber l'échine et à accepter tous les compromis, renonçant à cette voix intérieure qui nous demandait sans cesse de lâcher prise. Cependant, à l'approche du dernier soupir, il est fréquent que l'on porte le fardeau des regrets et que l'on confesse les erreurs des choix du passé. Fatalement, on éprouvera ce moment de lucidité qui nous amènera à cette question. Et si… ?

Même au dernier soupir, tout est profitable chez l'Humain, ne serait-ce qu'avec notre cadavre qui trouve une utilité. D'abord par le coût des obsèques, ensuite dans l'entretien des sépultures et enfin tous les autres besoins que peut provoquer le traumatisme d'un deuil.

Fort heureusement de nos jours de plus en plus de retraités retrouvent une véritable liberté, néanmoins peu sont montrés en exemple. Ils nous aideraient pourtant à comprendre et évoluer vers une nouvelle perception du monde. Ah oui, c'est vrai ! Le « Système » gère l'univers, donc notre vie et ce que l'on doit savoir.

Bien que tout ce qui a été écrit jusqu'ici puisse sembler trop pessimiste. Certains se diront peut-être que l'existence dans cette optique ne sert à rien, qu'elle ne vaut pas la peine d'être vécue. Ne nous apitoyons pas, aujourd'hui nous avons la chance de pouvoir apprendre et vivre autrement, si nous faisons l'effort d'entendre notre libre-arbitre en lui prêtant l'attention qu'il mérite.

Nous existons et nos connaissances, inscrites dans l'inné de l'Âme, sont toujours présentes quelque part en nous. Donc tout reste possible ! Il appartient à chacun d'en prendre conscience et d'en faire usage.

Chapitre VII. Ce que nous sommes… Des Humains !

Dans la perspective d'évoluer, nous sommes à l'écoute voire à la recherche de réponses. Il y a de nos jours un nombre considérable de théories qui tente de nous influencer et qui prétend détenir « la réponse ». Pourtant, il serait présomptueux d'affirmer détenir celle-ci ou qu'il n'y en ait qu'une.

Avant toute chose, il semble primordial d'apprendre à se connaître soi-même, donc de définir ce que l'on est.

Ni Dieu, ni maître !

Juste un Être humain lambda qui voudrait accomplir l'expérience de la vie.

Une essence nouvelle, souhaitant atténuer l'impact de la programmation neurolinguistique et tentant de retrouver un sens à l'existence. En toile de fond de cette affirmation, on ressent la volonté de chacun appelant le vœu d'un renoncement au « Système ».

Les mots écrits ici n'ont pas pour but d'affirmer « la vérité », mais simplement d'exprimer une vision différente de la réalité. Celle-ci est inscrite en chacun de nous, car quoique l'on en dise, nous sommes tous : une infime particule Universelle.

Tout comme l'Univers, nous naissons. Nous sommes une énergie avec une expansion qui reste plus limitée. Mais surtout, nous le faisons au sein de la Création.

Pour autant, j*e ne suis pas Dieu, ni un Dieu, ni mon propre Dieu.* Sinon cela aurait eu pour conséquence que " je sois unique ". Le monde, et même l'Univers ne représenteraient alors qu'une projection mentale de " moi-même ".

Or, nous existons tous !

C'est une dérive de croire et encore plus de faire croire, que nous sommes des Dieux.

Certains prétendent que nous pouvons transformer l'Univers et le mouvoir à notre guise. Cela semble être une confusion entre le « Système » et l'Univers réel.

Après tout, si ceux qui affirment cette idée étaient eux-mêmes des Dieux. En conséquence, pourquoi ne modifient-ils pas le monde dans lequel on vit ? Ils en limiteraient ainsi les souffrances.

En somme, ce serait l'opportunité pour eux d'exercer le rôle d'un Dieu, celui-ci au sens religieux. La réponse est si claire : modifier sa programmation neurolinguistique nous offre le pouvoir de nous faire évoluer, sans pour autant nous attribuer le pouvoir de changer ou transformer les autres. En général, on voulant réaliser cela, on essaie plutôt de convertir.

Je suis né et vous êtes nés. Nous sommes tous nés un jour. Alors nous existons tous et ce qui se produit aux alentour de chacun ne représente pas qu'une projection de lui-même. Contrairement à certains dires selon lesquels ce que nous vivons, ou ce qui se passe tout autour de nous, ne serait que le fait de notre volonté inconsciente. Une attractivité qui met le reste de l'humanité en position de soumission faisant face à une seule volonté. Comme si tout ce qui survient dans l'Univers ne s'effectuait qu'en fonction que d'un unique point de vue : de celui qui le vit en étant pleinement conscient.

Mais que deviennent les autres ?

Ceux dont nous ne pouvons pas contrôler la vie et qui agissent indépendamment de nous. Et cela, bien qu'ils soient reliés à nous par un lien Universel. Ce dernier fait que l'addition de chacun nous réunis dans un ensemble : l'humanité. En dehors de cette idée selon laquelle nous ne serions que des individualités tirant la lumière sur soi.

Soyons clair sur le lien d'universalité. Notre énergie provient d'une origine commune qui s'est déployée dans l'espace et le temps. D'où l'idée que nous soyons reliés en tant que particules universelles originelles. Néanmoins, chacun reste unique tout comme la Terre est différente de Mars ou Jupiter. Nous gardons de facto un libre-arbitre. Ainsi, nous ne concevons le monde que de notre angle. Le lien nous unissant permet donc qu'en acceptant la vision des autres, nous arrivions à recomposer et comprendre l'Univers réel dans sa globalité.

Dans l'idée de mieux cerner ce concept, illustrons-le avec la paire de lacets de nos chaussures. En effet, un lacet a deux bouts, mais ne fait qu'un. Cependant, du moment où nous les lassons sur une chaussure, il se divise et s'entrecroise. Comme nous dans la vie, nous reproduisons un mouvement en lacet, en compagnie des autres. Pourtant arrivé au bout, chaque morceau se retrouve seul. Dès lors que l'on souhaite créer un nœud solide, il faut que l'un s'attache à l'autre. Nous aussi nous avons la possibilité de nous nouer aux autres en retrouvant notre lien d'universalité.

Le problème reste que l'on peut nouer aussi fort que l'on veut les lacets, ils finissent par se détacher. Nous en revanche, nous avons le choix. Le libre-arbitre nous permet de conserver les liens, encore faut-il que nous le souhaitions. Bien évidemment, s'attacher aux autres ne signifie pas devenir comme les autres. Chaque bout du lacet est unique et existe indépendamment.

Par opposition, c'est en enfermant notre mental dans une vision simple et réductrice, que le « Système » à travers son programme nous enseigne la pensée unique. Finalement, il nous suggère qu'un seul parcours est possible. Celui de faire comme tout le monde en rejetant les perspectives différentes. Il agit de sorte que nous bannissons l'idée que l'Univers naturel puisse se regarder à travers des prismes divergents.

Voilà comment on s'est emprisonné dans un univers mental, enchaîné par la programmation.

Revenons à ces personnes qui, sous couvert d'avoir saisi le fonctionnement du « Système », utilisent leur compréhension de la programmation afin de privilégier leurs propres intérêts. On peut les appeler les marchands de déification. Ces derniers ont œuvré à travers les âges et s'emploient encore plus aujourd'hui dans l'intention de nous guider. Ils utilisent avant tout, leur clairvoyance dans le but de s'insérer socialement au sein du « Système » de ceux qui étalent leurs richesses, tout en jouant le jeu de celui-ci. Par la même occasion, ils décrédibilisent les « illuminés » qui deviennent juste des fous inconscients.

Notamment, il existe aujourd'hui les coachs de développement personnel spécialisés en motivation. Ils vendent à qui veut bien les écouter, la capacité de contrôler son existence et de composer avec le « Système ». Et cela en sortant de la programmation, grâce entre autres aux techniques telles que la PNL. Les shows sont spectaculaires !

Après tout, ils ont réellement compris le principe de déprogrammation. Ils démontrent à tous, la possibilité de se transformer. Mais attention, dans leur esprit cela doit surtout se réaliser sans modifier le « Système ». Celui-ci étant leur nouvel Eldorado, la main nourricière qu'il ne faut pas couper.

En définitive, ces techniques utilisent des mécanismes similaires à la programmation originale. Elles flattent l'ego de la réussite sociale et l'impression de disposer d'un super pouvoir. On en revient à croire que l'on est devenu le super-héros de sa propre histoire.

Mais pour quels résultats ? La réussite ! Celle du « je possède ». Où ne serait-ce pas plutôt « je suis possédé » ?

Et le pouvoir ! Lequel ? Celui de croire au « saint-Système » ?

De nouveau des questions qui nous font tourner en rond, et auxquelles on ne pourra répondre qu'avec notre esprit critique et en réalisant une expérience contradictoire de la vie.

Il existe d'autres façons de déifier les individus, parmi elles il y a celle qui consiste à utiliser les textes anciens. Qu'ils viennent d'Asie, d'Europe, d'Afrique ou d'Amérique, ces textes dont les plus connus sont fréquemment pris en exemples et élevés au rang de réponses venant d'un niveau supérieur. Il y a spécialement ceux venus d'Inde, dans lesquels beaucoup puisent leur inspiration.

Les textes en eux-mêmes ne sont pas porteurs de messages négatifs. Bien au contraire, ils sont souvent riches d'enseignements sur la voie de notre liberté. Cependant, leur interprétation la plus souvent consciemment tendancieuse permet à certains d'en faire un instrument de manipulation.

L'une de ces interprétations consiste à faire croire que chacun de nous est un Dieu. Voire Dieu.

La pensée créatrice nous élèverait au rang d'un Dieu, créateur de notre propre Univers.

À partir de ce postulat, il y a ceux qui savent qui ils sont, la conscience du savoir leur octroie les pouvoirs qu'ils ont. Contre ceux qui ignorent et vivent au sein du « Système » subissant la programmation neurolinguistique. Alors très vite ceux qui savent se retrouvent à se dire qu'ils sont uniques, voire pour certains supérieurs. En quelque sorte des nouveaux super-héros maîtrisant leur destinée. Le mécanisme ressemble étrangement à une programmation individualisée.

Une idée au final identique à celle des coachs en motivation. Parfois juste une pâle imitation du programme original. On revient à l'égotisme, en jouant sur la singularité de l'Être et sa capacité à concevoir le monde différemment. Un processus psychologique où on en arrive très vite à se couper des autres, car on se retrouve incompris. On se confine alors dans une communauté avec un « gourou ». Un maître à penser qui nous dit quoi faire, ce que l'on peut manger et enfin comment se transformer en une sorte d'illuminé. Mais l'essentiel sera comment penser comme lui et accéder à la même connaissance dans une vision commune de l'univers.

On a de nouveau un air de redondance. N'est-ce pas une nouvelle manière de s'avilir en perdant le contrôle et privé de son libre-arbitre ? Comme dans un autre « Système » où nous finissons par croire que l'on est un être unique dans une pensée unique. Celle-ci étant identique à celle de tous les disciples du « gourou », devenu le berger. On y retrouve en général l'idée de ne plus être à l'écoute des autres et ainsi refuser la différence.

Nous réfutons les points de vue divergents qui ne valident pas notre « expérience personnelle » qui est dirigée par le « gourou ».

Ces démonstrations ne sont pas à généraliser. Elles ne doivent pas nous faire rebrousser chemin en se disant que l'on ne fait que changer de paroisse. Ce qu'il faut retenir en priorité est que nous détenons tous, la capacité de nous forger une opinion proche de la vérité, sans chercher indéfiniment dans la lecture d'innombrables livres. En particulier, si cela est dans le but spécifique de réfuter telle idée ou telle autre thèse. Seule la confrontation avec soi-même nous guidera.

On ne doit pas perdre de vue que si les livres représentaient l'unique possibilité d'apprendre comment penser et vivre. Alors toute personne appartenant à un peuple indigène vivant de façon dite primitive, tel les amérindiens d'Amazonie, serait ainsi condamnée à ne pas évoluer durant son existence. Avec une telle pensée, nous prétendons que si " tu es né *sauvage* et bien, tu le resteras toute ta vie ". La lecture représentant le seul accès à l'évolution de l'Âme.

A contrario, pourquoi vouloir se déconnecter de notre civilisation et retourner vers la nature ?

On sait lire et nous lisons des livres dans l'intention d'apprendre à se déconnecter. Ces textes expliquent en plus, que pour parvenir à se reconnecter à l'Univers, il nous faudrait retourner à un état comparable à la vie au naturel. Quelque part ressemblant à celle des « sauvages ».

Si nous effectuons cela, devenons-nous alors des « sauvages civilisés » ?

Paradoxal ou erreur de jugement ?

On pense que les livres détiennent le Savoir, or, ils ne sont là que pour porter un message. Il appartient donc à chacun d'expérimenter la vie. Il est possible de percevoir le monde autrement, tout en sortant de la programmation et du « Système ». Une autre vision qui se caractérise par la volonté de renouer avec le lien d'universalité dans le respect de chaque individu.

Il est nécessaire d'accepter que nous ne soyons pas isolés, que nous sommes tous les membres d'un même Univers. Néanmoins, on sait que l'humanité est malléable tout comme l'eau qui s'adapte à son contenant. Cela est à la fois notre qualité principale et notre plus grand défaut.

Nous savons évoluer et nous adapter quel que soit l'environnement, le seul problème est de savoir si nous pouvons rester libres.

Pour cela, il nous incombe de faire un choix sur le sens de notre vie.

Chapitre VIII. Du non-sens au non-agir

- Le non-sens du « Système » -

Sommes-nous condamnés à reproduire éternellement le schéma imposé ? Une réflexion qui nous conduit à une remise en question de ce que l'on souhaite au plus profond de nous.

La vie dirigée par le « bon sens » décrite jusqu'à présent au sein du « Système », est tout bonnement un non-sens.

Alors, pourquoi sommes-nous là ?

La réponse se trouve en chacun et nous l'avions dès la naissance. Toutefois, elle est restée telle une petite graine enfouie, attendant de germer.

Quelque part "raisonne" en nous ces mots : « Je suis né. J'existe. Je fais partie de l'Univers ».

En observant l'Histoire de l'humanité, bien évidemment en dehors des enseignements scolaires, on découvre que depuis fort longtemps des penseurs et des philosophes tentent de nous avertir. Ils nous ont légué des textes et des idéaux qui tendent à montrer que l'on vit dans un monde dépourvu d'humanisme. Ils ont écrit sur cette impression que l'on a en arrière-pensée : celle de vivre selon des automatismes au rythme des conflits et des volontés dictées d'un Dieu, d'un chef d'État ou autre gourou.

On peut se rendre compte que ces idéaux et ces textes ont de plus été rédigés au cours de toutes les époques, par différents peuples et dans toutes les civilisations. Ils ont ainsi repris les mêmes principes sous diverses interprétations. Dénonçant au passage le fait que nous vivons dans une société contrôlée par une force invisible. Celle-ci nous soumet, notamment en jouant sur les peurs et en flattant les egos. Notre mental, serait-il inéluctablement cadenassé au point de n'y rien entendre ?

Le « Système » nous a programmé « neurolinguistiquement » et a tout mis en place dans l'intention d'étendre un voile sur l'essence originelle qui fait l'unicité de chacun dans le lien universel. Il nous prive ainsi du libre-arbitre et de la bienveillance d'Âme. Cela s'est fait en faveur de l'égotisme. Il nous a poussés à croire que la vie est une mascarade inutile, uniquement dirigée par le « bon sens ». Nous perpétuons juste un passage à l'état de matière sans autres objectifs précis, séquestrés dans l'illusion que l'obsolescence programmée est la seule fin. Il nous faut de ce fait formellement nous conformer au diktat sociétal.

Une existence qui n'aurait comme finalité que de satisfaire des envies et des désirs, en accumulant le plus de plaisirs éphémères que l'on nous demande de reproduire au maximum avant la mort. Au regard de sa durée, nous vivons le plus souvent avec des joies trop rares et éparses. Nous ne contribuons qu'à servir un « Système » injuste qui ne fait que développer la haine et la souffrance.

On peut dire que le tigre nous enserre très fort dans ses griffes au milieu de sa jungle tournée vers tout ce qui est extérieur. Tétanisés, nous refusons d'affronter nos peurs, perdant de vue la panthère qui murmure tant bien que mal dans une petite voix intérieure. Elle voudrait nous aiguiller vers un village merveilleux : celui du renouveau. Là, au centre duquel se trouve un feu qui illumine la vie et tient au chaud, grâce à l'amour qu'il génère.

Ce feu est la quête du sens de la vie. Il devrait nous pousser vers une perception décalée du monde, à savoir qu'une autre réalité est envisageable. Il est au milieu de ce village où l'on se contente des paroles d'une petite chanson. Celle d'un ours attendrissant sur le bonheur, parce qu'en définitive *dans la vie, il nous en faut peu pour être heureux.*

Toutefois, si nous arrivons dans cet endroit tant convoité et que nous récupérons le feu qui s'y trouve, allons-nous savoir l'utiliser ?

Nous savons que l'on peut se déprogrammer, redevenir tel l'enfant insouciant. Un inconscient qui dirait oui aux expériences inattendues en redonnant du sens à notre existence. Ainsi redécouvrir que l'Univers naturel n'est pas le vide que l'on nous dépeint. Mais qu'il est rempli d'amour fondé sur des sentiments d'universalité. Souvenons-nous qu'à notre naissance, nous disposons de la connaissance innée de notre mission de vie à accomplir, sur un chemin à tracer.

Si nous désirons y parvenir, commençons par prendre un peu de temps, arrêtons les pensées conscientes imposées de la programmation. Ne plus cogiter continuellement sur ce qui s'est passé hier ou sur ce qui se passera demain. Et si enfin, nous cessions de nous torturer dans le passé reproduisant chaque jour les mêmes actions. Nous sommes en mesure de nous libérer des questions ininterrompues sur le temps, en décidant d'appréhender l'instant du moment présent. Là, où on peut ressentir que « je suis et j'existe ».

Non pas, par la pensée consciente de la raison, mais à l'aide de la non-pensée ou dans le non-agir. Ainsi, redécouvrons les connaissances spirituelles innées. En étant à l'écoute des intuitions qui viennent du subconscient profond : de l'Âme. Libérons la panthère qu'elle passe de l'ombre à la lumière, afin que sa sagesse nous guide. C'est dans ces conditions que l'on essaiera de faire un usage acceptable du feu récupéré au village du renouveau.

Ainsi, en agissant à contre-courant de ce que certains pensent : ceux qui disent qu'il faille mettre le feu au « Système ». Un feu destructeur sur lequel ce dernier renaîtra de ses cendres tel le phœnix. Le tigre ne meurt pas par la haine et la violence. En revanche, on peut l'apprivoiser grâce à l'amour et la compassion, dans la bienveillance. Laissons plutôt la lumière du feu étincelant nous conduire hors de la caverne de sorte à retrouver la beauté naturelle du monde environnant : l'Univers.

Malgré tout le combat reste difficile, car le « Système » ne veut pas nous laisser devenir des illuminés. Être un de ces fous qui croit *en un monde au service de la vie, en dehors de la pensée unique.* Au cas où il nous viendrait l'envie de le vouloir. Il dispose de sécurités qui verrouillent la programmation mentale.

On constatera au passage cette subtile coïncidence. De nombreux textes anciens, venant de différentes civilisations et de tout temps parlent avec le même terme ou dans une description similaire des personnes qui ont quitté le « Système » : ce sont tous des Humains ayant vu une lumière ou un feu. Il serait fascinant de savoir quelle lumière, ils ont pu apercevoir.

Peu importe pour le « Système », pourvu que l'on se maintient dans son concept, ancré dans le « bon sens ». Il faut rester pragmatique et avoir la tête sur les épaules. Ainsi, chaque jour, on nous répète que l'on doit avoir ou agir avec un peu de « bon sens ». Que ce soit dans nos actions autant que dans la vie en général. On nous demande de garder les pieds sur terre et les yeux rivés sur la lumière d'un phare aveuglant.

Toutefois, ces dernières années, un espoir s'est présenté, le « Système » et son programme ont une sorte de temps de décalage. Il y a de plus en plus de personnes qui évoluent en inconscients ou en illuminés. Partout sur la planète, ils ont émergé. Une chance à saisir, dirons-nous. Il faudrait que ceux-là durent et évitent de se laisser à nouveau endormir. Puisque l'on peut être sûr d'une chose, des bouleversements de grande ampleur vont intervenir à différents niveaux. Il va essayer de préserver ses droits.

Un exemple est le fait que de plus en plus de gens soient attirés par le principe de déconnexion et la méditation. Le « Système » a réagi. Pour preuve, il en vient même à encourager la méditation, dans le but d'en faire un produit marketing. Au bout du compte, une adaptation dans le programme. L'objectif est que chacun puisse méditer un peu, mais pas trop. Surtout pas assez longtemps afin de ne pas se détourner de sa programmation.

Prenons le cas concret de cette idée remarquable, de prime abord : la méditation au travail. Au final, elle s'avère avant tout être un moyen de rendre les salariés plus compétitifs. Une simple augmentation de la rentabilité.

Cet ajustement de la programmation neurolinguistique démontre comment en intégrant les nouvelles données de nos évolutions, elle nous conforme aux besoins du « Système ». En même temps, tout est utile, et peut servir, pourvu que l'on reste à son service. Il nous laissera toujours croire en ce doux espoir de liberté. Avec au bout du compte, l'idée de nous enfermer à nouveau !

Nous ne sommes pas à l'abri que le village utopique que l'on voudrait atteindre, ne se transforme en une nouvelle jungle : un nouvel « ego-système ».

- J'EXISTE DANS LE NON-AGIR -

L'espoir de changer passe par une transformation de notre perception de la réalité au sein de notre environnement. Il serait temps que l'on se pose un instant. S'accorder un moment paisible afin d'envisager le monde autrement. Même s'il paraît compliqué de se poser dans la vie actuelle.

Essayons de calmer provisoirement la course effrénée que l'on nous impose, tant au niveau physique que mentale. Dans cette optique, décomposons une expérience alternative. Ce qui suit représente un exemple et une forme d'introduction à la méditation au travers du principe du non-agir. Dans l'idée de se reconnecter à ses connaissances innées de l'Âme.

Il n'est pas nécessaire de vouloir la reproduire ou revivre absolument la même chose. Au contraire, que chacun fasse son propre apprentissage. L'idée est d'éprouver le concept du non-agir qui demeure une constante parmi divers courants de pensée.

Dans l'expérience suivante, le point de départ est la posture de l'arbre. L'objectif est de trouver une immobilité quasi-totale du corps dans l'intention d'atteindre « l'arbre » de vie ou celui de la connaissance. Mais ce qui reste primordial est d'accéder à une connaissance de soi, c'est-à-dire renouer avec l'origine de Tout.

Devenir quelques instants tel l'arbre, immobile, donnant à la fois l'impression d'être inerte tout en étant animé. Alors comme lui, nous ressentirons et prendrons conscience de l'univers environnant. Nous tenterons de nous connecter au lien universel par l'Âme en apaisant les pensées conscientes et nous établirons une connexion à la Terre par l'enracinement du corps.

Commençons le voyage. Debout les pieds bien ancrés au sol, en cherchant à rester immobile. Ne plus effectuer de mouvement, les yeux fermés.

Rester là sans bouger, statique, s'attachant à suivre le rythme de la respiration. On n'agit plus et dans le même souffle, on est à l'écoute de ce qui se passe aux alentours et à l'intérieur de soi. On se laisse doucement glisser vers le vide de l'esprit.

Cependant, très vite, on ressent que tout bouge autour de nous. On prend conscience durant ces instants que si on était filmé, en dé-zoomant d'un satellite, on ne constaterait qu'une chose : tout est en mouvement. La planète Terre ne peut pas rester immobile. L'Univers lui-même est en mouvement perpétuel.

Quoiqu'il arrive, l'espace-temps ne s'arrête jamais.

Le vide de l'esprit laisse place au ressenti de l'universalité, un lien qui unit l'Âme à la Création.

Mais on ne peut s'empêcher de revenir sur Terre, au simple être humain que l'on est.

Posé là debout, sans aucun mouvement apparent. Incrédule, quand une autre certitude se présente à l'esprit : tout bouge à l'intérieur de soi !

On sent battre son cœur, le sang circule, la totalité des cellules sont actives. On respire, pourtant, on accomplit aucune action pour cela. Même le subconscient ne s'arrête pas. Puisqu'il continue sans cesse à traiter les informations perçues, vues, senties, entendues et ressenties. Tous les sens sont en alerte, comme décuplés.

Mais on n'agit toujours pas ! Alors qu'est-ce qui est vraiment immobile durant ces instants où l'on pense l'être ?

En vérité, pendant tout ce temps, il n'y a qu'une chose qui ne bouge pas : la pensée.

Cette pensée consciente que l'on fabrique à l'aide de nos acquis. Une projection de l'univers mental qui nous convainc que l'on est immobile.

En plus de créer cette perception du non-mouvement, on s'imagine n'exécuter aucune action. On croit que tout ce qui est autour reste statique. Mais cela est un faux-semblant du cerveau qui nous ment.

L'expérience de vouloir n'être qu'un arbre, sans bouger ni faire d'action, nous démontre que nous vivons au cœur d'un monde illusoire, contrôlé par des repères codifiés. Si l'on souhaite le quitter, il faudra accepter de se reconnecter à nos connaissances originelles. Une acceptation qui ne signifie pas le renoncement, bien au contraire, elle nous permet de suivre une autre voie. Celle de ne plus laisser le « Système » dirigé notre vie, car nous lui accorderions aucune prise sur nous.

Néanmoins, nous vivons continuellement en lui, parce que nous sommes le « Système ». Nous faisons également partie de l'Univers, celui qui est en mouvement perpétuel et qui régit le monde intérieur à travers l'Âme.

Nous avons ici une façon d'appréhender le concept du « non-agir », qui n'est pas comme on pourrait le supposer « ne rien faire », mais avant tout un lâcher-prise. Nous acquérons la sensation que le corps et l'esprit forment l'individu, dans l'harmonie. Ils ne sont pas opposés et sont en état d'équilibre.

Ainsi, le mouvement continu du temps dans l'espace ne s'arrête jamais. Nous prenons conscience de l'infini, où en tant qu'Êtres sensibles nous sommes à l'unisson avec la nature.

Enfin, on intègre que si on souhaite reprendre en main notre destin hors du non-sens actuel. Alors il faudrait stopper les pensées limitantes et la volonté qui nous pousse à imaginer que l'on peut tout maîtriser. Nous devons consentir à nous écouter et renouer avec le lien qui nous unit aux autres et à la Création : nous venons d'une même et seule source.

En abandonnant donc, les filtres de la conscience et des croyances, tout en renonçant aux jugements de valeurs ainsi qu'aux principes appris, que nous apprécierons le moment présent. Celui-ci reste cependant éphémère et nous rappelle le bien précieux que représente la vie.

À partir de l'instant que nous parviendrons à vivre maintenant, nous serons dans une conscience supérieure qui nous unit à toute l'humanité, voire au-delà. Peut-être qu'enfin, on consentira que l'on ait cette nécessité de se reconnecter à la Nature ?

La compréhension du concept du non-agir, comme au sujet de toute autre idée, doit être une démarche fondée sur l'expérimentation.

De la même manière, nous devrions soumettre l'ensemble des idées, des dires et des enseignements à une approche contradictoire avant de les valider. Illustrons ce propos en suivant un exemple de notre quotidien : celui de la soif.

Quand on éprouve le besoin de se désaltérer, on se sert un verre d'eau. Dans notre exemple, on se verse une moitié de verre d'eau, non pas dans le but d'exprimer une philosophie de pensée, mais clairement dans l'intention de satisfaire notre soif modérée. Ceci semble tout à fait normal quand on a peu soif, de se verser que peu d'eau. Toutefois, la plupart du temps, cette action est soumise, comme beaucoup d'autres, à une obligation de la programmation neurolinguistique d'obéir à des stimuli. Ceux-ci passent généralement avant l'action naturelle d'avoir soif.

Le cas présent se trouve être un sujet pertinent et à part, au vu de la nécessité que nous avons de : boire. Il aurait été logique que l'on ne parle que d'eau, pourtant le plus souvent cette eau est remplacée par un verre de jus, de soda, ou d'alcool pour d'autres, selon les us et habitudes transmises.

Par conséquent, quand on a soif, on se verse un verre de soda. De là, on va constater le principe de réponse aux stimuli. Alors que nous n'avons toujours qu'une petite soif et le besoin de boire qu'un demi-verre, on va se servir un verre plein. Si cela ne coûte pas plus cher, pourquoi se contenter de boire qu'un demi-verre ? Après tout faisons-nous plaisir et buvons le maximum possible. Une action banale de vouloir se désaltérer avec un verre et on se coupe de suite avec la réalité de nos besoins.

Absurde ? Non, juste une réponse aux habitudes créées de nos sur-besoins dès le plus jeune âge. À croire que la psychanalyse a raison quand elle dit que l'ensemble de nos problèmes remontent à cette époque.

Retournons ainsi un instant à notre naissance et à la petite enfance. On nous a imposé de nous nourrir toutes les trois heures, indépendamment de notre sentiment et ressenti de la faim. Manger, qui rappelons-le est le premier outil pour nous programmer. En grandissant, on demande aux enfants de manger et de terminer leur assiette, bien qu'ils n'ont pas ou plus faim. Soit, il ne faut pas gaspiller, mais c'est rare qu'un gamin se serve seul. Pourquoi lui en donner trop ?

La création de cette habitude de se nourrir à heure fixe et à consommer le maximum de ce que l'on a, représente une volonté fondamentale du « Système » sur laquelle il nous programme. Nous devons consommer par désir indépendamment du ressenti physique de la faim. S'il y a à manger, et il y en a plus que nécessaire au sein des sociétés dites développées au regard du gaspillage, alors on doit s'empiffrer à l'extrême de nos envies. On en revient sans cesse à cette question de pouvoir plus que de réponse aux besoins.

Cette même soif du pouvoir qui est à l'origine du monde actuel. Elle nous permet de réaliser les choses, les actions, d'accéder à nos désirs, et on le fait en dépit de toute utilité réelle. Cette dernière qui est induite par le vide, comme pour le verre à moitié plein, ou dans le cas de la faim, celui-ci résulte d'un manque : un vide dans les besoins physiologiques.

L'utilité du vide, un concept puisant son origine auprès du même père que le non-agir. Celui-ci explique que tout ce qui existe trouve son utilité par le vide. Ainsi, un bloc d'argile se métamorphose en vase quand on fait le vide au centre. On est en mesure d'aussi dire que l'Univers est né afin de combler le vide du néant. Le « Système » lui-même s'est bâti sur le vide laissé par les désirs et les envies inassouvis, on est en situation de dire qu'ils sont les besoins primaires soignant l'ego.

Revenons au verre à moitié plein qui suffirait à sustenter à la soif. On le remplit entièrement en agissant de manière à satisfaire le pouvoir égocentrique du « je peux donc je le fais ». Tout cela ira indéniablement à l'encontre de nos intérêts dans le temps. Quand on voit les quantités de nourriture, de soda, ou d'alcools supplémentaires consommées par envies du pouvoir. Au bout du compte, on subira tôt ou tard le contre-coup de cette soif d'imaginer que nous avons la capacité de faire ce que l'on veut avec excès. On développera des maladies et tant de problèmes physiques que nous mettrons par la suite sur le compte de la fatalité : c'est la faute du « Système ».

L'expérience d'autres voies est possible. On peut citer la pratique du jeûne qui représente en quelque sorte une forme de non-agir. Le jeûne demeure une constante dans l'Histoire de l'humanité. Aujourd'hui, nous commençons à reconnaître que c'est une source de bienfaits. On constate également des velléités de faire des recommandations sur la façon de consommer autrement la nourriture. Celles-ci découlent d'un fondement de bien-faire, mais reste malheureusement soumis à la programmation.

Cette dernière qui nous pousse à dire « que l'on est libre » et que l'on veut continuer à vivre selon les principes qui nous ont été inculqués. On préfère le pouvoir de manger et boire à volonté quitte à perdre tout esprit critique, le fameux libre-arbitre du « Système ».

Nous voilà donc mis en face de nos contradictions : d'un côté, une existence dans l'opulence a respecté le « bon sens » du « Système » ; de l'autre une vie de meilleure qualité, plus proche de notre essence, généralement qualifiée de monacale dans l'idée d'être discréditée.

Le conflit entre la programmation et le libre-arbitre est celui des besoins non-élémentaires opposés à l'indépendance. Une vie d'expériences au moyen de nos sens et de nos ressentis nous permettrait de savoir ce qui est bon pour nous.

Le non-agir représente le concept d'agir en accord avec le libre-arbitre dans le respect de notre nature, tout en respectant la Nature. Le respect de soi, du corps et de l'esprit, avec l'énergie d'être bien personnellement afin de se sentir bien au milieu des autres.

Chapitre IX. L'expérience

Est-il possible de vivre autrement ?

Voici enfin la question que l'on se pose tous et pour laquelle on souhaite une réponse. Bien que ce dernier chapitre traite d'une vision divergente de la programmation, elle n'est nullement LA réponse à tous les problèmes.

L'objectif sera de proposer une alternative afin de prendre du recul par rapport à l'univers mental dans lequel on est enfermé. Une façon de vivre différente dans l'idée de recouvrer la possibilité d'effectuer des choix réels. Une reprise en main de notre destin.

Dans cette perspective, nous devons réapprendre qui nous sommes. Pour y parvenir, nous l'avons déjà évoqué à plusieurs reprises, nous possédons des modes d'apprentissage qui présente une plus grande cohérence avec notre nature. Celle pour laquelle nous avons le plus de connaissance et que nous utilisons le mieux est l'expérimentation.

Durant notre enfance nous apprenons en touchant et en goûtant à tout, même si on a de cesse de nous interdire de le faire. En effet, l'expérimentation est très encadrée pendant notre vie et souvent utilisée à l'encontre nos propres intérêts. Ne l'oublions pas, on veut nous programmer, en nous disant quoi ressentir, quel goût cela doit avoir, ce que l'on doit voir.

Notre capacité d'apprendre et de comprendre est pourtant supérieure quand on éprouve les choses. Notamment en sport, nous admirons les talents de nos congénères à travers leur agilité prodigieuse, mobilité, dextérité et tant d'autres aptitudes qui semblent sur-humaine. Le « Système » programme et encadre leur réussite afin de valider ces « exceptions » en les starisant à son service. Il les transforme en quelque sorte en super-héros à nos yeux.

Alors que chacun de nous possède de vrais pouvoirs innés.

Dans le but de nous bloquer et ne pas nous laisser accéder à nos prédispositions, on va jusqu'à nous fabriquer des problèmes. Ainsi, on nous prescrit des contre-indications nous empêchant d'orienter comme l'on souhaiterait notre existence.

Ensuite, nous ne devons pas accomplir trop de ceci ou trop de cela. Faire attention à nous. Nous devenons tout à coup tels des objets fragiles. Soi-disant que nous sommes limités, incapables, peu mieux faire, résultat insatisfaisant, voire insuffisant, trop nul…. Il faut arrêter de rêver, sinon nous risquons de nous perdre. Allons donc ! Conservons un peu de « bons sens », soyons lucide sur nos compétences.

La peur enseignée, encore elle, cette arme majeure de démobilisation utilisée contre nous. On est programmé pour ne pas franchir les limites du corps et éviter de révéler ses capacités exceptionnelles.

Autre illustration non-sportive celle-là, avec l'effet placebo. Un processus psychologique qui est reconnu par la médecine et qui semble naturel aux yeux de tout le monde. Néanmoins, on peut se demander pourquoi si l'esprit guérit le corps d'un malade sans véritable médication chimique, on continue sans relâche à nous faire avaler des médicaments ? Une guérison aussi bien et voire parfois mieux que les produits pharmaceutiques. Pourquoi ne pas nous enseigner comment utiliser le mécanisme de l'effet placebo ?

Notre corps possède réellement de très grands pouvoirs, qu'il nous revient de redécouvrir.

L'expérience représente notre seule arme dans le but de combattre les peurs et ainsi modifier en profondeur le « Système ». Il nous appartient de faire évoluer notre regard sur le monde qui nous entoure.

Pour cela, reprenons à nouveau un verre d'eau à moitié rempli. Cette fois-ci dans l'idée de base de la psychologie qui consiste à dire que notre vision de l'univers se traduit par l'interprétation que l'on se fait du verre. À moitié vide ou à moitié plein ?

Dans le premier cas, on est catalogué négatif, dans le second, on est présenté comme quelqu'un de positif. Pourtant, dans ce verre d'eau, s'expérimente avant tout et de façon accessible le principe de dualité. En effet, pour être à moitié vide, il faut que le verre soit à moitié plein, et vice-versa.

On a là une déduction de la dualité universelle qui se retrouve en tout et que l'on peut définir par : afin qu'un état existe, il faut son état contraire. Les deux états sont les extrémités sur une échelle variable, dont on peut déterminer qu'ils s'équilibrent en un point donné. En conséquence, on est en mesure d'extrapoler que pour exister le positif a besoin du négatif, le plein a besoin du vide, le bien à besoin du mal et ainsi de suite dans tout ce que l'on vit.

Mais en allant plus loin, on se rend compte que le nord s'oppose au sud. Les éléments ne sont pas strictement inverses. La dualité est également dans des états contradictoires plus subtils. Comme le chaud et le froid qui sont des ressentis variant sur une échelle de valeur différent selon chacun.

Nous aussi nous sommes une dualité. Un esprit non-matériel et un corps matière cohabitant sans pour autant devoir s'opposer. Bien que certaines théories n'hésitent pas à le faire, le corps représentant selon eux qu'une prison de l'esprit. Ah oui, pour eux, nous serions aussi des Dieux !

Cependant, ne perdons pas de vue un détail dans cette démonstration : le verre. Dans notre exemple, il représente l'Univers où le positif et le négatif se positionnent en fonction du niveau d'eau, soit le point d'équilibre. Finalement sans le verre il n'y a plus rien, c'est le néant. En sachant que le verre lui-même existe par un principe de dualité : composé de sable et de potasse. Mais aussi à la fois dur par sa rigidité et fragile avec son côté cassant.

Tout comme nous, nous sommes une dualité au milieu d'un univers plus grand. Avant de se laisser entraîner dans des conjonctures sans fin, concentrons-nous sur la question centrale : dans quel Univers vivons-nous ?

Comme écrit plus tôt, certains prétendent que nous sommes notre propre univers. Mais celui-ci se positionne tout de même au milieu d'un ensemble plus vaste. Nous fonctionnons soit dans un « Système » et sa programmation neurolinguistique, soit dans un Univers et sa Nature.

Encore une problématique qui ne doit pas éluder la véritable interrogation sur ce que représente le fait d'être Humain. Au final, par nature, ne serions-nous pas simplement qu'une goutte d'eau et non le verre ?

Alors se renouvelle la question : dans quel Univers existons-nous ?

Bien que le « Système » nous fasse croire que c'est lui, nous savons effectivement qu'il est envisageable de vivre hors de lui, car nous l'avons créé. Il nous appartient de redéfinir et retrouver le véritable Univers au sens astrophysique. À moins qu'il y ait une autre vérité ?

La vie représente une expérience à traverser et non à subir. Nous avons la possibilité de bouleverser notre perception, observer le monde d'un œil neuf. Ainsi, chacun pourrait retrouver un libre-arbitre et nous obtiendrions les réponses à nos questions en ajoutant bout à bout toutes les perspectives.

- MAINTENANT, LA RENAISSANCE -

Si l'on souhaite aboutir à cet objectif, nous pouvons commencer notre cheminement en acceptant le principe d'éprouver le moment présent. S'ouvrir au monde du « maintenant », comme présenté lors de la posture de l'arbre et du non-agir. De fait, nous arrêterions de nous attacher continuellement au passé ou de nous projeter systématiquement vers le futur. Nous aurions l'opportunité d'intégrer cette idée que « maintenant ne s'arrête jamais ». Nous disposons de la capacité de vivre constamment dans le présent.

Cela ne signifie pas que l'on doit oublier les épreuves d'hier, ou que l'on ne s'imagine jamais demain. Non, en termes clairs, les expériences du passé sont des leçons dont nous apprenons de manière à appréhender sereinement « maintenant ». Mais dans le même temps, elles sont terminées, on ne peut pas modifier ce qui est passé. En revanche, prenons conscience que demain, nous l'imaginons serein et en confiance. Après tout, quand nous vivrons ces futurs moments, nous serons déjà « maintenant ».

Nos rêves nous guident, dans l'intention de demain. Ce dernier, nous le créons aujourd'hui, de lui, nous concevons une pensée créatrice. Celle-ci évoluera vers la projection d'une intuition. Ce processus puise sa source dans l'inconscient profond : l'Âme. Cela nous ramène à ce précepte, que l'on doit d'abord apprendre à lâcher prise et demeurer dans l'instant. Cela en écoutant l'inné de notre essence originelle hors de la programmation, en choisissant sa destinée à l'aide du libre-arbitre.

Ainsi, en dehors de tout raisonnement en rapport à ce que l'on nous a enseigné et imposé avec tant d'acharnement, nous révélerons notre mission de vie. En vue de nous aider, la méditation constitue l'un des outils utilisé depuis très longtemps et par tous les peuples au travers les âges et les lieux afin d'éprouver un état de contemplation. Il a été mis sous couvert de mysticisme dans le but d'en éloigner la majorité, ou contrôlé sous forme de religion au sein du « Système ».

Nous savons qu'il est concevable de modifier notre représentation de l'univers, en suivant le fil de nos intentions et vivre selon nos intuitions. Un vécu dans « maintenant », voilà une proposition plus en adéquation avec notre état d'Être Humain. Il ne tient plus qu'à chacun de choisir d'expérimenter de nouvelles solutions et renouer avec ses connaissances innées de l'Âme. Dans l'idée de redonner un sens à la vie dans l'intention de tisser les mailles d'un monde nouveau.

Peu importe ce que l'on imagine, nous ne sommes pas seuls à ressentir l'universalité qui nous appelle au changement. Mondialement, il y a des idéaux et des expérimentations différentes.

Par-dessus tout, ne nous croyons pas uniques à penser que le « Système » représente une aberration. Ne nous limitons pas dans une perception qui deviendrait uniformisée. Ou encore, ne nous enfermons pas dans notre monde. Nous sommes nombreux à vouloir faire évoluer et modifier le principe de programmation que l'on nous inflige.

Prenons garde aussi, de ne pas désirer non plus un retour au début des temps et des premiers Hommes. Un jardin d'Éden perdu que l'on souhaiterait faire revivre coûte que coûte. Un fantasme d'une vie dans « plus tard » qui nous a été vendu depuis si longtemps. À l'inverse, on doit se contenter d'apprécier chaque jour l'un après l'autre, en acceptant qu'il soit singulier. Ne plus chercher rationnellement le passé comme référence algorithmique des ressentis du moment présent. L'objectif serait que demain, on ne dise plus : « Si j'avais osé vivre autrement. »

À travers les initiatives des uns et des autres nous apprenons qu'il nous ait possible de rester libres. Une ressource, afin de rompre avec la société qui nous a été imposée depuis la naissance. Malgré les interdits, nous avons eu la chance d'expérimenter tout au long de notre existence, dans l'ombre des obligations. Hors du « Système » et de sa normalité. Celui-ci peut essayer de nous enlever l'idée qu'il y ait un sens à la vie.

Mais nous, nous sommes en mesure de nous reconnecter à notre Âme et forger un monde alternatif possédant du sens. Celui-là n'aura plus pour seule finalité de broyer les autres et flatter l'ego. Bien au contraire, il est temps de vivre en harmonie et prospérer en cohésion avec notre environnement naturel : la Nature est la réalité, notre Univers.

Maintenant, choisissons en acceptant les choses telles qu'elles doivent-être et en transmutant notre vision intérieure. Notamment par le non-agir. Revenons à l'altruisme. Cet état de l'Âme où l'on façonne l'existence sans ajouter ni haine, ni ego. Expérimentons à l'opposé de ce qui nous ramènerait inévitablement dans la spirale du cycle de vie programmée et des désagréments qui en découlent.

Nous ne représentons qu'une goutte d'eau, qui dans une ondulation se propage aux alentours. Nous allons de fait à la rencontre des autres. Et au milieu autant qu'avec eux, nous existons, sans néanmoins vouloir leur imposer nos choix. Les événements nous entourant évoluent alors naturellement. Un charisme qui permet à l'intensité intérieure de chacun de rejaillir à l'extérieur.

Il est indéniable que nous devrions retrouver notre humanité. Ainsi, récupérer l'humilité qui nous donnerait l'occasion d'accepter que vivre : c'est aussi bien savoir chérir le moment où nous naissons, qu'admettre que tôt ou tard nous devrons mourir.